MÉMOIRE

SUR

L'ART DE DORER LE BRONZE

AU MOYEN

DE L'AMALGAME D'OR ET DE MERCURE.

MÉMOIRE

SUR

L'ART DE DORER LE BRONZE.

OUVRAGE QUI A REMPORTÉ LE PRIX FONDÉ PAR M. RAVRIO
ET PROPOSÉ PAR L'ACADÉMIE ROYALE DES SCIENCES ;

Par M. D'ARCET,

Membre de la Légion-d'Honneur, Vérificateur des essais des monnaies faisant fonctions d'Inspecteur général, Membre honoraire du Comité consultatif du ministère de l'intérieur, Membre du Conseil général des fabriques et manufactures, du Conseil de salubrité du département de la Seine, de la Société philomatique, du Conseil de perfectionnement du Conservatoire des arts et métiers, du Conseil d'administration de la Société d'encouragement, de l'Académie et de la Société d'agriculture et de commerce de la ville de Caen.

PARIS,

DE L'IMPRIMERIE DE M.me VEUVE AGASSE,
RUE DES POITEVINS, n° 6.

1818.

Rapport fait à l'Académie royale des Sciences de l'Institut de France, par MM. Thenard, Vauquelin *et* Chaptal, *le 9 mars 1818.*

Feu M. Ravrio, fabricant distingué de bronzes dorés, a fait un legs de 3000 francs qu'il a mis à la disposition de l'Académie pour être donné à celui qui trouverait le moyen de garantir les ouvriers doreurs de l'insalubrité des émanations du mercure.

La première année du concours n'a produit aucun Mémoire qui ait paru mériter le prix, et l'Académie, en se conformant aux intentions de M. Ravrio, a dû le proposer pour la deuxième fois.

Nous avons aujourd'hui à vous rendre compte de deux Mémoires qui ont été remis au secrétariat de l'Institut. L'un a été inscrit sous le n° 1, et porte pour épigraphe ce passage de Sénèque : *Faciamus meliora quæ accepimus, major ista hæreditas à me ad posteros transeat;* l'autre, coté n° 2, a pour devise : *Improbus labor omnia vincit.*

Le Mémoire n° 2 ne contient que la description d'un appareil qui n'a point été exécuté, et dont le modèle n'a pas même été déposé au secrétariat de l'Institut. Votre Commission n'a pas cru devoir s'en occuper, attendu que le programme porte pour condition du concours, que l'appareil proposé pour le prix soit en activité dans un atelier de doreur.

Le Mémoire n° 1 a particulièrement fixé notre attention ; non-seulement on y a joint des Planches, mais on nous a soumis les modèles des appareils exécutés jusqu'à ce jour dans divers ateliers, et nous nous sommes assurés nous-mêmes, en visitant ces ateliers, que les ouvriers étaient à l'abri des vapeurs mercurielles, et que, depuis l'adoption de ces procédés, ils y jouissaient de la santé la plus parfaite.

Nous pouvons ajouter que ces perfectionnemens ont été jugés si avantageux par les doreurs eux-mêmes, qu'ils s'empresseront tous de les adopter, et que, dans ce moment, il existe douze ateliers à Paris où l'on s'occupe à les introduire. Le préfet de police, qui en a pris connaissance, ne permet même plus qu'un doreur de bronze se déplace sans adopter ces méthodes dans son nouvel atelier.

Le procédé qu'on propose est tellement simple, qu'on doit être surpris qu'on ne l'ait pas employé depuis longtemps. Il consiste principalement à déterminer le tirage des cheminées par un fourneau d'appel, et c'est cette simplicité qui en rend l'adoption d'autant plus prompte, qu'elle n'entraine presque aucune dépense. Ce procédé n'est même pas nouveau, puisqu'il est pratiqué, depuis plusieurs années, dans les laboratoires de l'Hôtel des Monnaies, où l'on s'est garanti complétement des vapeurs nuisibles par des moyens semblables (1). L'application

---

(1) Après la lecture de ce rapport, et à l'ouverture du billet cacheté, contenant le nom de l'auteur, le rapporteur de la commission nommée par l'Académie fit observer que c'était M. d'Arcet qui avait fait construire les appareils salubres du laboratoire des essais de la Monnaie, et que c'était par conséquent à lui que l'on devait cette double application du principe dont il s'agit.

seule aux fourneaux des doreurs appartient à l'auteur du Mémoire ; mais on ne peut pas nier que cette application ne soit d'une grande utilité et ne remplisse le but que s'est proposé M. Ravrio, surtout si l'on considère qu'il y a dans Paris plus de douze cents ateliers de doreurs, et que les nombreux élèves qui y entrent en sortent presque tous perclus de leurs membres au bout de quelque temps.

L'auteur du Mémoire paraît avoir senti cette vérité, et l'on dirait que, pour racheter aux yeux des savans le peu de mérite qu'il semble attribuer lui-même à l'heureuse application d'un procédé connu, il a embrassé son sujet dans une plus grande étendue que ne demandait le programme. Il a traité l'art du doreur dans tous ses détails, et il a apporté des perfectionnemens dans presque toutes les opérations de cette importante industrie. C'est surtout ici qu'il fait preuve de connaissances étendues en chimie, et d'une grande habileté pour les appliquer aux arts. Nous nous bornerons à présenter ce qui nous a paru mériter le plus d'attention.

Il résulte des nombreuses expériences de l'auteur, que l'alliage le plus propre à recevoir la dorure est celui qui est composé de 82 parties de cuivre, 18 de zinc, 3 d'étain et de $1\frac{1}{2}$ de plomb, ou de 82 cuivre, 18 zinc, 1 étain et 3 plomb.

Il détermine ensuite le titre que doit avoir l'or pour être utilement employé à former l'amalgame, et fait connaître les mauvais résultats qu'on obtient lorsqu'il est allié d'argent ou de cuivre.

Il instruit les doreurs sur la manière de purifier le mercure pour le rendre propre à former un bon amalgame.

L'auteur prescrit ensuite la meilleure méthode que les doreurs puissent employer pour former l'amalgame, et détermine les proportions dans lesquelles l'or et le mercure doivent y entrer. Ces proportions varient suivant la quantité d'or qu'on veut laisser sur le bronze. L'ouvrier fait en général son amalgame avec 8 parties de mercure contre une d'or; mais l'analyse lui a prouvé que l'amalgame varie, chez les doreurs, depuis 9 parties pour cent d'or jusqu'à 33, et depuis 67 de mercure jusqu'à 91.

L'auteur du Mémoire décrit avec beaucoup de détails l'art de recuire et de décaper les bronzes qui forment les deux premières opérations du doreur. Il en donne la théorie et y apporte des améliorations sensibles. Il fournit les moyens de se garantir des exhalaisons métalliques que produit le recuit, et des vapeurs acides qui se forment pendant l'opération du dérochage.

En appliquant l'amalgame sur le bronze bien décapé, à l'aide d'un pinceau de fils de laiton trempé dans l'acide nitrique, l'ouvrier était condamné à respirer des vapeurs qui altéraient sa santé. L'auteur propose de substituer à cet acide une dissolution de nitrate de mercure qui produit le même effet, et que nous avons vu employer sans danger pour l'artiste. Il a pourvu lui-même les ateliers de cette préparation, et il décrit les moyens de la faire. Il indique ensuite des précautions convenables pour que le maniement de l'amalgame n'altère point la santé des ouvriers.

Lorsque la pièce est couverte d'amalgame, il suffit de l'exposer au feu pour volatiliser le mercure, et cette opération est la plus dangereuse par rapport aux nombreuses vapeurs mercurielles qui se dégagent. C'est pour obvier à ce danger que l'auteur du Mémoire a fait construire des fourneaux d'appel dont le tuyau monte environ au tiers de la hauteur de la cheminée du doreur. Ce fourneau

neau détermine un tirage très-rapide qui entraîne au dehors toutes les vapeurs. On utilise le feu de ce fourneau en plaçant dessus une chaudière, un bain de sable, ou le poêlon contenant le *mat*. L'effet de ce fourneau est tel, que la fumée qu'on fait au milieu de l'atelier se dirige directement vers l'ouverture de la cheminée, et dans les visites que nous avons faites nous n'avons senti aucune vapeur mercurielle, quoiqu'on travaillât sous nos yeux à décomposer l'amalgame.

L'auteur entre ensuite dans tous les détails qui constituent la partie de l'art dans laquelle on brunit la dorure, on la met au mat, ou on lui donne la couleur d'or moulu et d'or rouge ; il décrit avec soin toutes ces opérations, en perfectionne quelques-unes, et donne les moyens de se garantir du danger que présente surtout la mise au *mat*.

On trouve encore dans le Mémoire un moyen fort simple pour ramasser le mercure qui se volatilise ; il consiste à chauffer les pièces couvertes d'amalgame dans une caisse et à pratiquer un conduit cylindrique sur la paroi opposée à l'ouverture, lequel s'élève au haut de la cheminée et redescend sur un baquet rempli d'eau où le mercure doit se condenser.

L'auteur termine son Mémoire par la description des procédés aussi simples qu'ingénieux, 1º pour enlever l'or de la surface des vieux bronzes et des pièces dorées mises au rebut ; 2º pour exploiter les cendres et déchets d'atelier provenant du travail de la dorure sur bronze ; 3º pour traiter les eaux du dérochage, les eaux blanches, celles du tonneau à mettre au *mat*, les cendres de la forge, celles du fourneau à mettre au mat, la boue du baquet à gratte-bosser, la suie des cheminées, les balayures d'ateliers, etc.

En un mot, le Mémoire qui a été soumis à notre examen nous paraît présenter le Traité le plus complet que nous possédions sur l'art du doreur sur bronze : il mérite d'entrer dans la belle collection des arts et métiers qu'on doit à l'Académie, et nous proposons de décerner à l'auteur le prix fondé par M. Ravrio.

Signé THENARD, VAUQUELIN, CHAPTAL, *Rapporteurs.*

L'Académie approuve le rapport et en adopte les conclusions.

Certifié conforme à l'original :

Le secrétaire perpétuel, Chevalier des Ordres royaux de Saint-Michel et de la Légion d'Honneur,

DELAMBRE.

AVANT-PROPOS.

Lorsque j'eus connaissance du programme publié par l'Académie royale des Sciences (1) et que je me décidai à concourir pour le prix fondé par M. Ravrio, j'étais loin de penser que l'art du doreur fût aussi insalubre qu'il l'est; je n'avais étudié les procédés de cet art que dans mon laboratoire, en y faisant travailler un doreur habile sous mes yeux, et je savais par ouï-dire seulement que

---

(1) Voici le programme tel qu'il a été publié en 1816, et remis pour la seconde fois au concours en 1817.

Trouver un moyen simple, et peu dispendieux, de se mettre à l'abri, dans l'art de dorer sur cuivre par le mercure, de tous les dangers dont cet art est accompagné, et particulièrement de la vapeur mercurielle.

L'Académie royale des Sciences exigeait que les concurrens pratiquassent à Paris, dans un atelier disposé à cet effet, les procédés qu'ils proposeraient, et que leurs appareils fussent plus parfaits qu'aucun de ceux connus. L'Académie desirait en outre que ces appareils pussent servir à condenser et à recueillir le mercure vaporisé.

les ouvriers doreurs étaient exposés à de cruelles maladies.

Je commençai donc à m'occuper de ce travail sans prévoir les difficultés que j'aurais à vaincre ; car je ne concevais pas comment M. Ravrio avait pu demander solennellement la solution d'une question qui me paraissait si simple, et j'avoue même que je voyais avec peine la réputation d'homme instruit dont il jouissait, compromise par une action qui attestait cependant son humanité et ses sentimens généreux. A peine eus-je visité quelques ateliers de doreurs, que je sentis dans quelle erreur j'étais tombé ; je fus effrayé de la grandeur du mal. Continuellement en rapport avec des ouvriers malades, dont le physique et le moral sont également attaqués, je ne pus concevoir comment on avait toléré aussi long-temps un état de choses si alarmant ; j'honorai alors la mémoire de M. Ravrio, et je vis le but qu'il s'était proposé. Je sentis qu'il ne fallait pas seulement composer un bon

Mémoire et indiquer des moyens de salubrité convenables, mais qu'il fallait surtout vouloir fortement faire adopter ces moyens, et s'apprêter à lutter contre les obstacles nombreux qu'opposent toujours aux choses nouvelles la routine et l'intérêt particulier lorsqu'il s'en trouve froissé.

Je me présentai donc au concours, pensant bien que la tâche ne deviendrait pénible qu'après avoir remporté le prix, et qu'au moment où il faudrait justifier l'opinion de l'Académie, si elle m'était favorable : je l'entrepris cette tâche avec la ferme volonté de réussir; et ce qui suit va prouver combien cela était nécessaire, et combien j'ai besoin de persévérance pour suivre la marche que je me suis tracée.

Le décret du 15 octobre 1810 et l'ordonnance du 14 janvier 1815 rangent les ateliers de doreurs dans la troisième classe, c'est-à-dire, dans la classe des établissemens qui peuvent rester sans inconvénient auprès des habitations particulières, et pour lesquels il est seulement nécessaire de se pourvoir d'une permission. L'autorité n'ayant reçu aucune réclamation au sujet des doreurs, accordait facilement les demandes qui lui étaient adressées, et beaucoup de doreurs éludaient même cette simple formalité. En parcourant les ateliers, on peut se convaincre qu'il y a plus des trois quarts des doreurs qui exercent leur état sans en avoir obtenu la permission. Il est arrivé de-là que l'on ne peut pas encore prendre contre eux de mesure générale, parce qu'elle tomberait sur un trop grand nombre d'individus. Si on obligeait d'ailleurs les doreurs qui exercent sans permission à faire construire de suite des appareils salubres, il serait impossible de les diriger tous à la fois dans ces constructions. J'ai donc dû, pour réussir, refuser le secours que m'aurait offert l'autorité, et demander à ne faire usage que de mes seuls moyens, jusqu'à ce qu'un assez grand nombre d'ateliers aient été perfectionnés, et que plusieurs architectes ou fumistes se soient habitués à la construction des nouvelles forges. Ce ne sera qu'alors que l'on pourra, sans inconvénient, faire un recensement des anciens doreurs, et les forcer à veiller à la conservation de la santé des ouvriers qu'ils emploient. En attendant cette époque, l'autorité oblige maintenant les doreurs qui s'établissent ou qui changent de logement, à demander l'autorisation exigée par l'ordonnance du 14 janvier 1815. Ces doreurs me sont renvoyés, et n'obtiennent leur permission qu'en s'engageant à construire des appareils salubres. Je surveille ces constructions, et je cherche en outre, par tous les moyens possibles, à en augmenter le nombre et à en propager l'usage chez les doreurs déjà établis.

J'ai fait, depuis que le prix m'a été décerné, plus de trois cents visites dans des ateliers de doreurs; j'ai vu partout des ouvriers malades, souffrant de coliques plus ou moins fortes, ou attaqués de tremblemens assez souvent douloureux, mais toujours fort incommodes, et surtout nuisibles aux intérêts des ouvriers, qui deviennent ainsi incapables de travailler à des ouvrages qui exigent de l'adresse et de la précision. J'ai à lutter continuellement contre la prévention, contre l'ignorance, mais surtout contre cette espèce d'apathie et d'engourdissement que donne au physique et au moral le séjour prolongé dans une atmosphère chargée de gaz délétères, et l'habitude du mal-aise et des souffrances légères, mais continuelles. L'air que l'on respire dans les ateliers de doreurs, chargé d'acide carbonique, d'azote, de vapeurs nitreuses et de mercure vaporisé, m'oblige souvent à m'en éloigner, me rappelle les maux que j'ai soufferts, et me fait sentir tout le prix des appareils construits au laboratoire de la Monnaie, et auxquels je dois sans doute d'avoir arrêté le dépérissement de ma santé. Cette position où je suis alors, me fait souvent parler avec énergie aux doreurs que je cherche à convaincre ; mais je les trouve trop souvent incrédules, et ne concevant pas comment on peut, sans y avoir intérêt, s'occuper si chaudement d'améliorer leur sort. C'est cette opposition de la part des ouvriers qui a jusqu'ici empêché le perfectionnement des ateliers de doreurs, et le bien qu'auraient pu y produire les conseils et les exemples donnés, à différentes époques, par des hommes distingués.

Sous ce rapport, M. de Tingry doit être cité le premier : le Mémoire qu'il a publié sur l'art du doreur de montres aurait dû améliorer les procédés de cet art (1). On lui doit l'heureuse idée de faire usage de gants de vessie et celle

---

(1) Ce Mémoire se trouve imprimé dans le *Journal de Physique*, tome X, novembre 1777, page 405. Le même Mémoire, revu et augmenté, a été depuis publié en 1778 dans les *Mémoires de la Société de Genève*, page 77.

de préparer l'amalgame à vases clos. Il a proposé l'emploi de la dissolution mercurielle pour appliquer l'amalgame sur le bronze; il a en outre donné beaucoup de détails sur l'art de la dorure au moyen de l'amalgame et sur la valeur de quelques *déchets* d'ateliers, et a enfin fait construire un petit appareil qu'il a nommé *préservateur*, et auquel il n'a manqué, pour justifier complétement son nom, que d'être toujours mis à volonté sous l'influence d'un courant d'air favorable. M. Gosse, de Genève, a aussi proposé des moyens de salubrité convenables, mais que les doreurs n'ont point adoptés. Il en a été de même de l'appareil proposé par M. Robert Guedin, et que j'ai vu en activité dans son atelier, mais dont il faisait presque seul usage au moment où je visitais à Genève les ateliers de doreurs de montres (1). Il manquait à

---

(1) L'appareil proposé par M. Robert Guedin se trouve décrit et gravé dans le *Bulletin de la Société d'Encouragement*, 13ᵉ année, mars 1814, page 53. Le tuyau

ces différentes constructions le moyen d'en régulariser le tirage et de l'augmenter à volonté, et c'est ce défaut qui, en laissant à ces appareils presque tous les inconvéniens des cheminées ou des forges ordinaires, s'est opposé principalement à leur adoption.

Je ne terminerai pas cet article sans citer les travaux du docteur Macquart, de M. Brizé-Fradin (1) et de M. Gosse

---

de tôle portant au dehors les gaz et le mercure entraînés par le courant d'air a été dessiné en sens contraire de celui où, je crois, l'a placé M. Guedin dans l'appareil que j'ai vu à Genève. Il est évident que cette inclinaison en sens contraire lui a été donnée par inadvertance; car, en adoptant cette disposition du tuyau, le mercure condensé, au lieu de se rendre dans le récipient, retomberait continuellement sur les pièces de montre placées dans l'appareil.

(1) *Voyez* l'ouvrage ayant pour titre : *la Chimie pneumatique* appliquée aux travaux sous l'eau, dans les puits, les mines, les fosses, etc. Ce volume, publié en 1808, contient la description et les dessins des appareils et des moyens de salubrité proposés par l'auteur. On peut surtout consulter avec avantage le Mémoire que M. Brizé-Fradin a publié sur le même sujet dans les *Annales des Arts et Manufactures*, vol. L, page 203.

fils, de Genève (1), etc. Les moyens de salubrité qu'ils ont proposés ne dépendent point de la perfection des outils ou des forges de l'atelier. Les éponges mouillées, mises dans le nez et sur la bouche, les tubes aspiratoires, etc., sont des moyens préservatifs dont l'ouvrier doit s'entourer, et qu'il est obligé de porter avec lui. Il est évident que ces moyens peuvent bien remplir leur but, mais ce n'est qu'en gênant l'ouvrier dans son travail. Ils ne seront donc jamais adoptés par les doreurs, à moins que ce ne soit dans des cas particuliers, lorsqu'ils auront, par exemple, à dorer de grandes pièces hors de leurs forges, ou à pratiquer quelques opérations dangereuses, soit en plein air, soit dans leur atelier. On ne saurait

---

(1) Le Mémoire publié par M. Gosse fils a pour titre : *De l'Hygiène des professions insalubres*; il a été imprimé dans la *Bibliothèque universelle*, volume IV, page 57. On trouve un extrait de ce Mémoire, avec des observations qui me paraissent parfaitement fondées, dans les *Annales de Chimie et de Physique*, tome IV, février 1817, page 185.

trop alors recommander l'usage de ces moyens qui, réunis à ceux dont je parle dans mon Mémoire, offrent, ce me semble, la solution complète de la question.

J'ai vu à Genève, à Lyon, mais surtout à Paris, un grand nombre d'ateliers de doreurs ; j'ai trouvé dans quelques-uns des dispositions plus ou moins favorables ; dans presque tous on avait essayé l'usage des ventouses, mais je n'ai vu nulle part l'application raisonnée des vasistas, du rétrécissement convenable de l'ouverture de la forge, et surtout celle du fourneau d'appel, dont la réunion dans le même atelier forme la base des moyens que je propose. Ces moyens sont simples, coûtent peu, ne gênent en rien le travail, et remplissent leur but pour ainsi dire indépendamment de la volonté de l'ouvrier. On peut donc espérer qu'ils seront généralement adoptés, et qu'avant peu d'années les ateliers de doreurs jouiront tous du même avantage que nous procure, depuis quatre ans, l'appareil salubre construit au laboratoire des essais à la Monnaie.

L'art du doreur n'a point encore été décrit; on ne trouve que des renseignemens bien peu satisfaisans à cet égard dans les différens ouvrages où l'on parle de cet art, et ces renseignemens n'ont même presque plus de rapport avec les procédés qui sont aujourd'hui en usage. Depuis cinquante ans, la dorure au moyen de l'amalgame a presque généralement remplacé l'art de dorer, en appliquant des feuilles d'or sur le bronze blanchi au moyen du mercure, et les Planches de l'art du doreur qui se trouvent sans la description de cet art dans la collection de l'Académie, ne représentent même qu'un atelier de doreur monté d'après ces derniers procédés, qui sont aujourd'hui presque abandonnés. Si le temps me l'avait permis, j'aurais essayé de remplir cette lacune. Je n'ai présenté à l'Académie royale des Sciences, et je ne publie à présent que la partie de l'art du doreur dont s'occupait M. Ravrio, et qui est, à la vérité, la plus importante; mais je travaille à compléter la description de cet art; je l'étudie dans ses moindres détails, et je compte par la suite ne point réimprimer ce Mémoire, mais publier en place l'art du doreur complet, et traité comme l'état des sciences permet aujourd'hui de le faire. J'extrairai alors de cet ouvrage tout ce qui me paraîtra utile d'enseigner aux doreurs; je rédigerai cette partie pour ainsi dire en langage d'atelier, et j'en ferai ainsi une espèce de Catéchisme ou de Manuel bien à la portée des ouvriers auxquels il sera spécialement destiné (1). Quant au Mémoire

---

(1) Je suivrai ainsi le plan que je me suis tracé depuis long-temps, et dont l'exécution me paraît devoir donner d'excellens résultats.

Les auteurs qui publient des descriptions d'arts et métiers craignent de paraître faibles aux yeux des gens instruits, et voudraient cependant être entendus des ouvriers. Le livre se ressent alors de l'embarras où s'est trouvé l'auteur; on en fait peu de cas dans le cabinet du savant, et on ne le trouve cependant pas sali et usé sur

que je publie maintenant, j'espère qu'il sera compris par les maîtres doreurs et par les chefs d'ateliers ; qu'il fera naître parmi eux une louable émulation, et les déterminera à propager l'application des moyens de salubrité et des procédés que je propose, et qui doivent, ce me semble, conduire au but que nous a montré M. Ravrio. Je terminerai en témoignant toute ma reconnaissance à M. Lambert, à qui je dois principalement l'instruction pratique que j'ai acquise dans l'art du doreur sur bronze ; je reconnais avec plaisir combien sa bonne volonté et ses

---

les tables des ateliers et entre les mains des contre-maîtres et des ouvriers. Le but principal est donc manqué : on l'atteindrait, ce me semble, en décrivant les arts et métiers selon le plan dont je parle ; la description complète de l'art resterait dans le cabinet du savant pour ainsi dire comme *étalon*, tandis que le petit *Manuel*, extrait de cet ouvrage, et mis à la portée des ouvriers, irait répandre dans les ateliers non-seulement le détail de tous les perfectionnemens qui y manquent, mais encore une foule d'autres connaissances accessoires qui pourraient fortement contribuer à l'avancement des arts et au bonheur des ouvriers.

avis m'ont été utiles. Je recevrai avec les mêmes sentimens les observations que les doreurs trouveront sans doute à faire en lisant mon Mémoire ; je sollicite leurs conseils, et je leur promets bien franchement d'en profiter. J'ai pensé que l'on verrait ici avec intérêt un extrait de l'ouvrage que M. le docteur Mérat, ancien médecin de la clinique à l'hôpital de la Charité, a publié sur les maladies des doreurs. Ses profondes connaissances, sa longue pratique, donnent une haute confiance en ses ouvrages, et surtout dans celui dont il est ici question, et dont il s'est spécialement occupé. J'ai sollicité ce travail, et je crois faire une chose utile et agréable aux doreurs en joignant à mon Mémoire la lettre qui suit, que M. le docteur Mérat a bien voulu m'adresser.

Lettre de M. le Docteur Mérat à M. D'Arcet, au sujet du traitement du tremblement des doreurs sur métaux, occasionné par les vapeurs mercurielles.

Monsieur, le moyen, aussi ingénieux que simple, que vous venez de proposer pour préserver les doreurs sur métaux des pernicieux effets du mercure, et qui a été jugé, par l'Académie des Sciences, digne du prix fondé par feu M. Ravrio en faveur de celui qui trouverait un procédé propre à produire cet effet, doit, aussitôt qu'il aura été généralement adopté, faire cesser parmi ces ouvriers les maladies causées par les émanations mercurielles qui s'élèvent pendant leur travail, et qui produisent sur eux des accidens divers, particulièrement un tremblement particulier que j'ai désigné sous le nom de *tremblement mercuriel*, dans un Mémoire publié dans le *Journal de Médecine* de MM. Corvisart, Boyer et Leroux, pour l'année 1804; Mémoire qui a été réimprimé à la suite de la deuxième édition de mon *Traité de la Colique métallique*.

Pas de doute, Monsieur, que votre procédé, en procurant aux fourneaux des doreurs un courant d'ascension rapide et qui entraîne avec force toutes les vapeurs mercurielles et autres qui se répandaient auparavant dans l'atelier de travail, et qui formaient autour des ouvriers une atmosphère délétère dont s'imprégnaient les surfaces cutanées et muqueuses, et dont les gaz donnaient lieu à des affections nuisibles, ne fasse cesser ces affections. Les causes productrices étant enlevées, les résultats s'évanouiront d'eux-mêmes, et l'on vous devra ainsi un des plus grands services qu'on ait pu rendre à l'humanité. La classe intéressante et nombreuse des doreurs sur métaux sera préservée par vous des maladies, souvent fâcheuses, qui les rendaient impropres de bonne heure à continuer leurs travaux, et qui, parfois, minent leur santé au point de les conduire à une mort plus ou moins prompte, comme j'en ai vu quelques exemples.

Mais vous ne vous contentez pas, Monsieur, d'avoir rendu un aussi grand service; vous voulez encore ajouter à votre travail les renseignemens et conseils nécessaires pour secourir ceux des ouvriers doreurs qui, n'ayant pas encore adopté le perfectionnement que vous apportez à leurs fourneaux, pourraient être atteints des maux dont vous les préserverez; et vous avez pensé que ces conseils compléteraient convenablement le Mémoire couronné par l'Académie et imprimé par son ordre. Puisque vous croyez que je puis, ayant depuis long-temps médité sur les maladies des doreurs, et soigné un assez grand nombre de ces artistes, présenter ces conseils, je vais, pour satisfaire à votre invitation, les extraire du Mémoire que j'ai publié autrefois, en y faisant toutefois les additions et améliorations que le temps m'a montré devoir y être placées.

La principale maladie qui affecte les doreurs est le *tremblement* dit *des doreurs*, et que je préfère appeler *mercuriel*, parce que ce métal seul le cause. Les autres accidens qu'éprouvent les doreurs sont passagers; cependant les vapeurs acides qu'ils respirent dans le *dérochage* sont fort insalubres et attaquent la poitrine de beaucoup de ces ouvriers, surtout de ceux qui l'ont délicate ; elles causent de la toux, de la sécheresse, de l'irritation à la gorge et aux poumons; en un mot, elles sont peut-être plus nuisibles encore que les vapeurs mercurielles, quoiqu'elles effraient moins ces artisans. On devrait, autant que possible, dérocher en plein air, ou au moins dans un endroit isolé des autres ouvriers qui dorent ou brunissent les pièces dorées ; car lorsqu'il y a communication, tous respirent ces vapeurs et tous en sont fâcheusement affectés. Heureusement, Monsieur, que votre procédé remédiera à ces graves inconvéniens ; car les cheminées auxquelles on aura ajouté votre fourneau d'appel, tirant toute espèce de vapeurs en haut, enlèveront les émanations acides, comme les autres, avant qu'elles aient eu le temps de se répandre dans les pièces de travail (1).

Le tremblement des doreurs n'était guère connu que de nom avant l'époque où j'ai écrit le Mémoire sur ce sujet. C'est à l'hôpital de la Charité que j'ai eu occasion d'observer fréquemment cette maladie, il y a dix-huit à vingt ans. Il est effectivement assez ordinaire que les ouvriers qui en sont affectés à Paris viennent chercher des secours dans cet hôpital, de préférence aux autres, à cause, sans

---

(1) Ce que j'ai dit à ce sujet dans les chapitres IX, X et XVI, et surtout à la page 145, prouve combien j'avais senti l'importance des précautions dont parle M. le docteur Mérat. L'expérience m'a prouvé que les gaz délétères provenant du dérochage, de l'application de l'amalgame et du réchaud à sécher, étaient la cause de maladies bien plus dangereuses que ne l'est le tremblement mercuriel ; aussi ai-je fortement insisté dans mon Mémoire, et auprès des ouvriers, pour qu'on fît toujours ces opérations sous la forge et sous l'influence d'un bon courant d'air. (*Note de M. D'Arcet.*)

doute, de l'analogie que ces gens croient exister entre ce tremblement et la *colique métallique*, qu'on est en possession de guérir depuis plus de deux siècles dans cette maison, où on possède même un mode particulier de la traiter, connu sous le nom de *traitement de la Charité*.

L'invasion du tremblement mercuriel est quelquefois subite; le plus souvent pourtant elle a lieu graduellement. D'abord le malade a les bras moins sûrs; ils vacillent, puis ils sont agités, enfin ils tremblent. Le tremblement acquiert une intensité plus ou moins grande, selon que celui qui en est atteint continue ou non son travail. S'il s'opiniâtre à le faire, le tremblement devient général et en quelque sorte convulsif. Le malade est alors dans l'impossibilité de remplir avec intégrité les fonctions qui exigent une certaine force musculaire, telles que la locomotion, la mastication, le travail des mains, etc. Bientôt des symptômes plus graves encore forcent les doreurs de quitter tout travail et de songer à leur guérison; telles sont la perte de connaissance momentanée, l'insomnie, le délire, etc.

Les phénomènes autres que le tremblement sont ceux-ci: le malade a la figure d'une teinte bise assez remarquable; elle est parfois animée, d'autres fois languissante. L'habitude du corps, qui participe de la teinte du visage, n'est que peu ou point amaigrie, à moins que la maladie ne soit ancienne. La peau est généralement un peu sèche, et quelquefois un peu chaude. La respiration est naturelle; le ventre en bon état. Les évacuations alvines et urinaires se font comme en santé. Cependant l'appétit diminue quand le tremblement acquiert de l'intensité; il peut même être nul, s'il est très-fort. Le pouls est en général fort, lent, rare, et quelquefois profond; c'est celui de presque toutes les personnes qui travaillent aux métaux.

Le symptôme le plus remarquable, celui qui constitue pour ainsi dire toutes les maladies, est le tremblement, qui a quelque chose de *convulsif*. Les contractions musculaires, qui le constituent, se font avec une promptitude étonnante, mais non en un seul temps; ainsi un malade qui en est atteint, et qui voudrait plier les bras, ne pourra y parvenir d'une seule fois; il y aura deux ou trois petites saccades rapides qui entraveront la flexion du membre et donneront lieu au tremblement. Les ouvriers chez qui ce symptôme est très-développé, ne peuvent porter aucun liquide à leur bouche sans renverser le vase qui le contient, ni même des alimens solides, à cause de la difficulté de les diriger juste. La plupart se frappent et se meurtrissent le visage en voulant manger ou porter leurs mains à la figure; de sorte que, s'ils sont seuls, ils sont obligés de prendre les alimens avec la bouche, à la manière des quadrupèdes. Ordinairement on les fait manger comme des enfans, parce que les bras, qui sont les parties par où commence le tremblement, en sont plus affectés que les jambes, et c'est même eux qui sont les derniers à guérir.

La marche de cette maladie est fort simple; sa durée est ordinairement longue, malgré qu'on quitte tout travail et qu'on suive un traitement convenable : il faut toujours plusieurs mois avant que les mouvemens reprennent une certaine fermeté. J'ai observé que le plus souvent les malades qui se disent guéris tremblent encore un peu; quelques-uns n'en guérissent jamais bien radicalement. Ordinairement ce tremblement n'a pas de suite fâcheuse. On ne le guérit pas toujours, ce qui dépend le plus souvent de ce que les malades ne continuent pas assez long-temps le traitement qu'on leur prescrit, ou qu'ils ont attendu que le mal fût invétéré pour réclamer les secours de l'art ; mais très-rarement il fait périr, et encore, dans ce cas, c'est presque toujours parce que les ouvriers étaient primitivement affectés de maladies chroniques, ou au moins d'une constitution faible, et qu'ils ont commis imprudence sur imprudence. Rarement le tremblement se complique avec d'autres maladies (je ne prétends pas parler de celles qui peuvent attaquer indistinctement tous les individus). Il a été observé quelquefois avec la colique métallique, mais dans le cas seulement où les ouvriers travaillaient en même temps sur le plomb ; car le mercure ne donne pas cette colique, de même que le plomb ne donne pas de tremblement. On a remarqué que les doreurs sur métaux, dans un contact permanent avec le mercure, n'en étaient pas moins aptes à contracter la vérole, et que ces mêmes vapeurs mercurielles ne leur donnaient point de salivations.

Les causes uniques du tremblement des doreurs sont le mercure, mais surtout le mercure en vapeur ; il ne s'agit que de s'en préserver pour n'en être pas atteint, et c'est à quoi, Monsieur, votre procédé pour la structure des fourneaux du doreur satisfera admirablement. Cependant le mercure en substance peut causer, quoique beaucoup plus rarement, le tremblement, mais jamais il n'est aussi intense que celui des doreurs. Les argenteurs, les ouvriers qui mettent les glaces au tain, ceux qui travaillent aux mines de mercure, comme à Almaden en Espagne, dans le Frioul, les miroitiers, les constructeurs de baromètres, les metteurs en œuvre, les chimistes, etc., doivent au mercure non vaporisé les tremblemens légers dont ils sont parfois affectés (1). Les malades à qui on administre des frictions trop abondantes, ou qui ont une idiosyncrasie particulière, éprouvent des tremblemens mercuriels par la même cause; mais ces tremblemens, qui ne sont que des diminutifs de celui des doreurs, se passent avec plus de facilité, et le plus souvent il suffit de cesser d'employer ce métal pour en obtenir la guérison.

Le tremblement mercuriel s'observe plus fréquemment en hiver qu'en été, parce qu'alors les ouvriers ferment les ateliers, et que des vapeurs sans issue habitent continuellement autour d'eux. Les passions vives semblent avoir de l'influence sur la production du tremblement mercuriel; on voit les ouvriers qui se livrent à la colère, etc., être atteints de nouvelles attaques de tremblement, qu'ils n'eussent peut-être pas eues sans cela. Il paraît que les vapeurs mercurielles irritent le système nerveux et le rendent plus facile à émouvoir. Le résultat de l'action des vapeurs mercurielles, en produisant le mouvement musculaire désordonné, prouve bien que c'est sur le système nerveux qu'elles portent leur action délétère. Au surplus, il y a des gens qui travaillent toute leur vie de la profession de doreurs sur métaux sans être atteints de tremblemens, tandis que d'autres en sont affectés au bout de quelques mois seulement. Nous don-

---

(1) L'observation d'Achard, rapportée en note au bas de la page 62 de mon Mémoire, semble indiquer que, dans les circonstances dont parle ici M. le docteur Mérat, le mal pourrait encore être attribué au mercure réduit à l'état de vapeur, à la température des ateliers, ou par la seule chaleur des mains de l'ouvrier. (*Note de M. D'Arcet.*)

nons toujours à ceux-ci le conseil de ne pas s'opiniâtrer à continuer un état qu'ils seront forcés de quitter souvent pour se soigner, et qui pourrait compromettre gravement leur santé. Une fois qu'on a été atteint du tremblement des doreurs, on est bien plus disposé à en avoir d'autres attaques, et elles deviennent d'autant plus faciles à récidiver, qu'elles sont plus nombreuses et plus longues. Dans cette circonstance, il est indispensable de renoncer à cette profession, à laquelle d'ailleurs on devient incapable de se livrer d'une manière suivie, parce qu'elle exige une précision dans les mouvemens, pour la dorure des pièces fines, qui n'existe plus dans les mains du trembleur.

Cette maladie se guérit quelquefois spontanément, et seulement par la précaution de cesser tout travail, mais cela demande beaucoup de temps. A l'hôpital de la Charité, on commence le traitement par l'usage d'une tisane faite avec les bois sudorifiques de salsepareille, de gaïac, de sassafras ; on met une once de l'un ou de l'autre, mais préférablement du premier, par pinte. On donne cette boisson tous les jours, pendant tout le temps du traitement. Le soir on prescrit un gros ou deux d'extrait de genièvre ou de thériaque ; ce dernier moyen vaut mieux, à cause de l'opium qui entre dans sa composition. Si le tremblement est fort, on donne une potion antispasmodique, composée avec deux onces d'infusion de tilleul, une once d'eau de menthe et dix-huit gouttes de laudanum liquide de Sydenham ; on la fait prendre par cuillerées à bouche, de deux heures en deux heures, dans la journée, et on la continue pendant une partie du traitement, en ayant soin d'augmenter la dose du laudanum. Lorsque la langue est pâteuse, que le malade a peu d'appétit, on rend la tisane sudorifique *laxative* par l'addition de deux gros de séné par pinte, que l'on supprime lorsque les symptômes ont disparu. On augmente parfois l'activité de la tisane sudorifique, en y ajoutant une demi-once ou une once, par pinte, d'*esprit de Mindererus*. Les bains chauds, joints à ces moyens, sont d'une grande efficacité; aussi s'en sert-on avec avantage.

En ville j'emploie à peu près la même méthode de traitement; seulement je varie davantage les médicamens, et j'en ajoute parfois de plus efficaces : c'est ainsi que j'ordonne presque toujours avec fruit les pilules de musc. Je mets un quart ou un demi-grain de cette substance dans un ou deux grains d'extrait de valériane, et les malades prennent d'abord une, puis deux, puis trois et même quatre de ces pilules par jour, avec le temps. La tisane sudorifique est coupée avec pareille dose d'infusion de tilleul, et j'ajoute souvent dans les potions de la liqueur d'Hoffmann ou de l'éther, à la dose de vingt gouttes de la première ou de douze du second. Dans la ville j'insiste sur l'exercice au grand air; j'exige des malades qu'ils respirent l'air extérieur pendant plusieurs heures par jour, et ceux qui peuvent aller à la campagne, je les y envoie de suite, afin d'être bien sûr qu'ils ne rentreront plus dans leur atelier. C'est le seul moyen de pouvoir compter sur leur promesse à cet égard. Il est inutile d'ajouter que le traitement du tremblement doit être modifié d'après la constitution des sujets et les phénomènes morbifiques qui se présentent.

La nourriture de ces malades doit être proportionnée à leur appétit, qui est en général assez bon, et composée d'alimens sains. On peut leur permettre un usage modéré du vin. Plusieurs ont remarqué que le vin diminuait momentanément leur tremblement; c'est pourquoi ils en usent lorsqu'ils ont à faire quelques ouvrages où il faut plus de sûreté et de précision de la main. J'en ai connu à qui le laitage faisait fort bien, mais cela n'est pas général. Ils peuvent toujours en tenter l'emploi.

Il faut, autant que possible, quitter les habits de travail hors l'atelier, à plus forte raison lorsque l'on est dans le cours du traitement de cette maladie, parce qu'ils sont imprégnés de vapeurs mercurielles. La propreté est d'ailleurs de première nécessité pour les gens de cette profession, et j'ai toujours vu que ceux qui étaient sales, étaient plus fréquemment atteints que les autres de tremblement.

Par ce traitement, les malades reviennent peu à peu à la santé, et sans qu'on voie de crises remarquables; car on ne peut donner ce nom à de légères moiteurs qu'on observe quelquefois pendant sa durée.

Quant aux moyens hygiéniques propres à préserver les ouvriers doreurs des vapeurs mercurielles, votre méthode de construire les fourneaux les a rendus inutiles, et je crois, Monsieur, devoir les passer sous silence, puisqu'aujourd'hui ils seraient sans but. Il en serait de même de cette lettre, si on ne savait par expérience que l'homme reçoit toujours avec lenteur les choses qui lui sont le plus profitables.

J'ai l'honneur d'être, etc.

Paris, ce 23 juin 1818.

Liste et adresses des doreurs qui ont fait construire des appareils salubres, en suivant les plans donnés dans ce Mémoire et les idées de perfectionnemens qui y sont indiquées.

MM. Denière et Matelin, rue d'Orléans, n° 9, au Marais.

M. d'Artois, place des Victoires, n° 4.

M. Lambert, rue Saint-Sauveur, n° 30.

M. Delaunay, rue du faubourg du Temple, n° 1.

M. Guérin jeune, rue des Gravilliers, n° 45.

M. Meury, doreur sur argent, rue des Arcis, n° 18.

M. Touchard, rue Saint-Martin, n° 67.

M. Godin, rue Beauregard, n° 36.

M. Gravet, rue Beaubourg, n° 48.

M. Gravet, rue des Douze-Portes, n° 10, au Marais.

M. Thomire, rue Boucherat, n° 7.

M. Camus, rue Saint-Denis, passage Lemoine, n° 380.

M. Lebesgue, rue Saint-Sauveur, n° 30.

M. Duval, rue Saint-Sauveur, n° 41.

M. Fortier, rue Saint-Avoie, n° 47.

M. Neveux, rue Meslée, n° 21.

M. Roux, rue Frépillon, n° 5.

M. Février, rue Phelippeaux, n° 37.
Mme Liquière, doreuse de montres, place Saint-André-des-Arcs, n° 26.

Je terminerai cette liste en citant M. Lenoir, successeur de M. Ravrio, qui fait construire en ce moment un atelier de doreur complet rue des Filles-Saint-Thomas, n° 19, et en annonçant que plusieurs doreurs viennent d'adreser leurs demandes à Son Excellence le préfet de police, ce qui va nécessairement beaucoup augmenter le nombre des forges perfectionnées par les moyens que je propose.

J'invite les doreurs à visiter les ateliers cités plus haut, et surtout à voir ceux qui sont nommés les premiers, et où l'on s'est le plus conformé aux plans que j'ai donnés.

Je recommande encore d'aller voir au Conservatoire des arts et métiers, rue Saint-Martin, les modèles et les échantillons dont je parle dans mon Mémoire, et qui sont exposés publiquement dans une des salles de cet établissement. Les ayant sous les yeux, en lisant ce Mémoire, les doreurs l'entendront mieux, sentiront tout l'avantage de ces constructions, et se décideront facilement à suivre l'exemple donné par ceux de leurs confrères que je viens de citer.

Noms et demeures des architectes, des constructeurs et des ouvriers, etc., auxquels les doreurs peuvent s'adresser avec confiance pour faire exécuter les appareils ou les outils cités dans mon Mémoire.

Les doreurs qui voudront faire construire les appareils nécessaires pour assainir d'anciens ateliers, ou qui auront à faire établir des forges nouvelles, pourront s'adresser à M. Malary, architecte, rue d'Aguesseau, n° 12, ou à M. Dubois, architecte, rue des Vieilles-Tuileries, n° 43, faubourg Saint-Germain.

MM. Malary et Dubois sont ordinairement indiqués avec l'autorisation de Son Excellence le préfet de police pour les constructions ordonnées dans les ateliers jugés insalubres ; il sont donc parfaitement au courant des moyens de salubrité et des appareils que je propose d'employer, et les doreurs, en s'adressant à eux, sont assurés d'avoir de suite leurs ateliers aussi bien arrangés que les localités le permettront.

Quant aux appareils en tôle pour les doreurs de petits objets, comme roues et platines de mou-

tres, etc., je conseille de s'adresser à M. Chan-
treau, tôlier, rue des Boulangers, n° 24, quartier
du Jardin du Roi; à M. Vallot, ingénieur-
mécanicien, rue du Cloître-Notre-Dame, n° 4,
et à M. Grun, mécanicien, rue des Fossés-Saint-
Victor, n° 37.

On peut surtout s'adresser à M. Grun pour la
construction des châssis vitrés qui servent à rétrécir
l'ouverture des forges de doreurs. Il fait ces châssis,
en fer, avec une grande perfection, et à des prix
fort modérés. Il les pose aussi de manière à les
rendre mobiles, au moyen de contre-poids, etc., ce
qui donne la facilité de rétrécir plus ou moins, et à
volonté, l'ouverture de la forge sans cesser d'y voir
dans l'intérieur les opérations que l'on doit y pratiquer.

J'ajouterai que les doreurs pourront trouver des
gants de vessie ou des gants ordinaires doublés de
vessie, chez M. Friet, gantier, rue Saint-Denis, en
face de la rue de Tracy. Ce fabricant, auquel s'adressent déjà presque tous les doreurs, m'a promis d'a-
voir toujours de ces gants tout faits pour les ouvriers
qui voudraient s'en servir.

Je terminerai cette série d'adresses en recommandant aux doreurs de faire essayer leurs déchets
par les essayeurs du commerce, et de les faire ensuite
traiter à façon (s'ils ne peuvent pas les traiter eux-
mêmes), soit par M. Houard, fondeur de déchets
d'or et d'argent, rue du Cimetière-Saint-Nicolas,
n° 19, soit par M. For, au collége des Grassins,

rue des Amandiers, au haut de la Montagne-Sainte-Geneviève.

J'ai rassemblé, je crois, ici, tous les renseignemens nécessaires pour mettre les doreurs à même de profiter des moyens de salubrité et des procédés économiques dont je parle dans mon Mémoire. L'honneur que m'a fait l'Académie en me décernant le prix fondé par M. Ravrio, me fait une loi de m'occuper de l'art qu'ils exercent, jusqu'à ce que leurs ateliers soient complétement assainis. J'invite donc les doreurs qui voudront me consulter, à m'écrire ou à venir me trouver à la Monnaie, sans crainte de m'être à charge : je répondrai à leurs questions lorsque je le pourrai; je leur expliquerai avec plaisir le jeu des appareils salubres que j'ai fait construire dans le laboratoire des essais, et je leur démontrerai ainsi tous les avantages que procure la construction des nouvelles forges.

ERRATUM.

Page 44, *ligne* 13, *lisez :* le tableau n° II qui, etc., *au lieu de :* le tableau qui, etc.

MÉMOIRE

SUR

L'ART DE DORER LE BRONZE

AU MOYEN DE L'AMALGAME D'OR
ET DE MERCURE.

CONSIDÉRATIONS GÉNÉRALES.

Le prix pour lequel feu M. Ravrio (1), fabricant de bronze distingué, a légué une

---

(1) Antoine-André Ravrio est né à Paris le 23 octobre 1759, et y est mort le 4 décembre 1814. Son père, honnête homme et homme de talent, était fort estimé dans son état. Sa mère, modèle de toutes les vertus, appartenait à la famille *Riesner*, avantageusement connue dans les arts industriels et libéraux.

Ravrio avait appris à mouler chez son père; il avait dessiné et modelé à l'Académie, et avait appris à ciseler sous de très-habiles maîtres. L'art du fabricant de bronzes dorés fut pratiqué par lui dans toutes ses parties, et c'est ainsi que Ravrio est parvenu à rendre son nom célèbre en Europe par la perfection de ses ouvrages, dans lesquels on admire à la fois la pureté du dessin, un style noble et simple, des compositions ingénieuses, des imi-

somme considérable, et que l'Académie royale des sciences a mis au concours pour la seconde fois cette année, doit avoir sur l'hygiène des professions insalubres et sur le perfectionnement de nos arts et métiers une influence bien heureuse.

---

tations parfaites de l'antique, et une sûreté de goût à toute épreuve.'

Les connaissances variées de Ravrio et ses éminentes qualités le favorisèrent beaucoup dans ses relations commerciales et dans sa vie privée. Il fut traité en toutes circonstances avec une grande distinction. Son excellent cœur, son obligeance et la gaieté de son caractère faisaient rechercher sa société, et il a joui de l'estime et de l'amitié de tous ceux qui l'ont connu. Livré tout entier à son état, qu'il aimait avec passion, il n'a cultivé les lettres que fort tard et comme délassement. On lui doit cependant plusieurs vaudevilles qui ont eu un assez grand nombre de représentations, et il a publié pour ses amis qui les avaient inspirées, deux volumes de poésies diverses, où l'on trouve beaucoup de facilité, de naturel, de gaieté, de sentiment et d'esprit.

Ravrio n'ayant pas eu le bonheur d'élever d'enfant, et voulant perpétuer son souvenir dans l'état qu'il avait exercé avec tant de talent, a légué, en mourant, cet état, son nom et sa fortune à M. *Lenoir-Ravrio*, dont il a été constamment le bienfaiteur et l'ami. Il avait demandé qu'une simple pierre couvrît sa tombe; mais la reconnaissance lui a élevé un monument plus durable et plus digne de lui dans l'enceinte du cimetière de l'Est, où il a été

Le bel exemple donné par M. Ravrio ouvrira sans doute une carrière nouvelle. Il est d'autres artistes, amis de l'humanité, qui, comme lui, au milieu des occupations de leur état, pensent constamment aux moyens d'en perfectionner les procédés, luttent souvent toute leur vie contre les difficultés qu'ils rencontrent, et finissent, mais trop tard, par sentir qu'ils auraient dû appeler les sciences à leur secours.

La solution du problème proposé doit leur prouver que les sciences consultées répondraient à leur appel, et doit les enhardir à les introduire dans leurs ateliers, à leur en dévoiler les secrets, et à les mettre ainsi à portée de vaincre en peu de temps les plus grandes difficultés, que l'amour de l'humanité, l'amour des arts et de longs tâtonnemens ne donnent pas toujours les moyens de surmonter.

J'ai vu de près les maux qu'entraînent dans les ateliers la mauvaise construction des appa-

---

inhumé. Ravrio s'est occupé du sort des ouvriers doreurs à son heure dernière ; il a voulu que l'on remédiât à l'insalubrité de leurs ateliers. Les doreurs sauvés par sa volonté ne verront pas son tombeau sans attendrissement, et tout homme ami de ses semblables dira avec eux : « Ravrio a laissé après lui, sur la terre, les traces que » doit y laisser un homme de bien. »

reils et le mauvais choix des procédés ; j'en ai beaucoup souffert. J'ai dû souvent penser aux moyens d'éviter ces inconvéniens, et j'ai propagé, autant que je l'ai pu, ce qu'une longue expérience m'a appris à ce sujet. Je m'estimerai heureux si, dans une occasion aussi solennelle, je parviens à joindre mon nom à celui de M. Ravrio, et si l'opinion favorable de l'Académie et l'estime publique qu'il a si bien méritée peuvent aussi servir de récompense au travail que j'entreprends.

Je n'ai à m'occuper que de cette branche de l'art du doreur qui a pour objet d'appliquer l'or, au moyen du mercure, sur le cuivre, ou plutôt sur quelques-uns de ses alliages (1).

Le programme publié par l'Académie me trace la marche que j'ai à suivre. Je commencerai donc par décrire succinctement les différentes opérations que pratique l'ouvrier chargé de dorer le bronze au moyen de l'amalgame d'or et de mercure. Je parlerai des matières premières qu'il emploie, des qualités qu'elles doivent avoir, des moyens de les choisir ou de les préparer. J'examinerai ensuite

---

(1) Pour éviter toute équivoque, et pour ne pas alonger inutilement ce que je vais dire, j'appellerai *bronze* l'alliage que les doreurs emploient ordinairement.

chacune des opérations de l'art du doreur, en insistant particulièrement sur celles qui nuisent le plus à la santé des ouvriers. J'en dirai les inconvéniens, je proposerai les moyens d'y remédier; et après avoir résumé les moyens de salubrité et décrit les appareils que je propose d'adopter, je terminerai en indiquant aux doreurs les procédés qu'ils doivent suivre pour tirer parti des résidus ou déchets d'ateliers, et pour enlever l'or de la surface des objets dorés; ce qui complétera, autant que je puis le faire, la partie chimique de l'art de dorer le bronze au moyen du mercure.

INTRODUCTION.

L'art du doreur n'a pas encore été examiné, ou au moins décrit; il est un de ceux qui restent à publier pour compléter la belle collection des arts et métiers de l'Académie. Voici les procédés qui forment la partie de cet art dont nous avons à nous occuper.

L'objet que l'on veut dorer, et qui a été fondu et coulé en bronze, est porté au ciseleur ou au tourneur. Lorsqu'il est terminé, il est livré à l'ouvrier doreur, qui le fait recuire et qui le déroche, en dissolvant la surface oxidée du métal avec de l'acide nitrique ou de l'acide sulfurique faible. Lorsque le métal est bien nettoyé, que le décapage est complet, et qu'il présente partout l'éclat métallique, on le lave à grande eau et on le fait sécher, soit en l'essuyant avec des linges propres, soit en le roulant dans la tannée sèche, dans du son ou dans de la sciure de bois.

Le doreur prépare l'amalgame d'or et de mercure, et l'applique ensuite sur la pièce, au moyen d'une espèce de pinceau fait avec des fils de laiton, et nommé *gratte-bosse*, qu'il mouille avec un peu d'acide nitrique pur ou avec de l'acide nitrique contenant un peu de mercure en dissolution. Il étale l'amalgame le plus également possible, en ayant soin de charger davantage les endroits qui doivent être mis au *mat* ou en *or moulu*, et de ne charger, au contraire, que légèrement les parties qui doivent être brunies. Le doreur lave ensuite la pièce à l'eau, la fait sécher, et l'élève peu à peu jusqu'à la température nécessaire pour décomposer l'amalgame d'or et pour volatiliser tout le mercure sans faire rougir le bronze. L'ouvrier a soin, pendant cette opération, de retirer souvent la pièce du feu pour la brosser en tout sens avec une brosse ordinaire, afin d'y étendre également l'amalgame, qui devient plus fluide en s'échauffant, et qui ressort alors des pores du cuivre.

Lorsque tout le mercure est volatilisé, on recouvre la pièce, si on le juge convenable, d'une nouvelle couche d'amalgame; on la passe de nouveau au feu, et on recommence cette opération autant de fois qu'il est nécessaire pour obtenir la dorure qui est demandée. Lorsque la pièce est terminée, on la lave dans de l'eau acidulée avec du vinaigre, et on l'y nettoie en la frottant, en tout sens, avec des gratte-bosses neuves et rudes; on passe de l'eau claire dessus, on la sèche en la roulant dans de la tannée, dans de la sciure de bois ou dans du son bien sec, et on la nettoie avec un linge propre ou avec une brosse. Arrivée à ce point, la pièce a une couleur jaune-sale et peut recevoir à volonté *le mat,* la couleur d'*or moulu, le bruni* ou la couleur d'*or rouge*.

Voilà les principales opérations que pratique l'ouvrier doreur. Nous allons les examiner successivement et plus en détail. Nous ne parlerons, autant que possible, dans ce qui va suivre, que le langage des ateliers, et nous aurons soin d'éloigner tout ce qui pourrait empêcher les ouvriers de nous entendre et de profiter des améliorations que nous allons proposer.

CHAPITRE PREMIER.

De l'alliage employé pour la fonte des pièces qui doivent être dorées. Détermination de l'alliage le plus convenable pour cet objet.

L'ALLIAGE que les doreurs emploient leur est fourni par le fondeur, qui ne reçoit d'eux que les modèles des pièces qu'il est chargé de fondre; il fait son alliage comme il l'entend, sans principes certains, et en se guidant seulement d'après l'expérience que lui donne une longue pratique, éclairée par les plaintes ou les félicitations des doreurs qui s'adressent à lui.

Les fondeurs emploient ordinairement ce qu'ils appellent *mitraille pendante;* ce sont les vieux bronzes dorés dont on a enlevé l'or, les objets fondus avec le même alliage, mais non dorés et mis au rebut, comme vieux flambeaux, vieux chenets, etc., et enfin les vieux débris de cuivre jaune de toute espèce qui se trouvent dans le commerce; ils ajoutent aux vieux bronzes ce qu'ils croient nécessaire pour les rendre meilleurs, ou, lorsqu'ils les jugent de bonne qualité, ils ne font que les mettre en fusion pour en remplir leurs moules. Lorsque les fondeurs ne peuvent pas se procurer de ces vieux bronzes, ils prennent alors dans la *mitraille pendante* les débris de chaudrons, etc., qui sont en cuivre jaune, et ils y ajoutent des débris de cuivre rouge étamé; ils fondent ainsi ensemble environ 75 de cuivre jaune et 25 de cuivre rouge chargé de soudure et d'étamage, et coulent avec cet alliage les pièces qui leur sont commandées. L'alliage que les doreurs emploient doit avoir, pour être réputé bon, les qualités suivantes : il doit être aisément fusible et doit prendre parfaitement l'empreinte du moule où on le coule; la pièce ne doit être ni *piquée*, ni *venteuse*, ni *gercée;* l'alliage doit être facile à tourner, à ciseler et à brunir; il doit avoir une belle couleur et doit bien prendre la *patine* de vert antique; il doit recevoir la dorure facilement et sans absorber une trop grande quantité d'amalgame; la dorure doit y bien adhérer et y prendre enfin une belle couleur lorsqu'on la met au *mat*, au *bruni*, en couleur d'*or moulu* ou en couleur d'*or rouge*.

On voit donc déjà qu'il faut employer un

alliage, puisque les métaux purs se couleraient mal; étant d'ailleurs mous et très-ductiles, ils seraient *gras* et se couperaient difficilement au tour et à la ciselure; ils se guillocheraient sous le brunissoir, et ayant leurs pores plus ouverts et plus d'affinité pour s'allier, ils absorberaient plus d'amalgame, et par conséquent plus d'or que ne le font les combinaisons métalliques. La pièce dorée, n° 1, qui a été fondue en cuivre rouge parfaitement pur, prouve cette vérité, comme on peut le voir au tableau n° 1 qui termine ce Mémoire.

L'alliage du cuivre et du zinc conviendrait mieux; mais l'expérience n° 2 du tableau prouve que cet alliage binaire coule pâteux et prend mal l'empreinte des moules; il absorbe d'ailleurs trop d'amalgame, et est sujet à se piquer et à se gercer en refroidissant dans le moule. Le tourneur, le ciseleur et le brunisseur le trouvent trop *gras* ou trop mou: il faudrait augmenter la proportion de zinc pour le rendre plus dur, mais il perdrait alors la belle couleur jaune qui convient au doreur. Les essais portés au tableau, sous les n°s 3 et 4, démontrent que l'alliage de 20 d'étain et 80 de cuivre se fond aisément, coule liquide et prend parfaitement l'empreinte du moule; mais cet alliage, trempé ou non trempé, se déroche mal; il conserve trop de dureté et de *sécheresse* pour être facilement tourné et ciselé; sa couleur est trop grise; il ne prend que difficilement la dorure, et ne se polit qu'avec peine au moyen du brunissoir. Cet alliage ne convient donc nullement au travail du doreur.

L'alliage n° 5 du tableau est composé de 90 de cuivre et 10 d'étain; c'est l'alliage dont on se sert pour couler les canons : il se fond assez facilement, coule assez liquide, mais ne prend que médiocrement les finesses du moule; il est plus facile à tourner, à ciseler et à brunir que les alliages précédens, mais la couleur n'en est point assez jaune, et il faudrait beaucoup d'or pour la remonter à la nuance que demande le commerce (1).

Les alliages dont je viens de parler ne con-

---

(1) Les alliages binaires de cuivre et d'étain auraient le grand désavantage de se mal dérocher ou décaper par les procédés que l'on suit maintenant; l'acide nitrique oxiderait l'étain de l'alliage, et la surface ne présenterait qu'une teinte grisâtre que l'on ne pourrait enlever qu'en faisant usage de l'acide muriatique. La trempe, qui a la propriété de rendre ces alliages plus ductiles, ne me paraît pas pouvoir recevoir ici une application avantageuse; elle ferait perdre aux pièces leur densité, et les rendrait trop perméables à l'amalgame.

viennent donc pas au doreur; il lui faut des combinaisons métalliques plus compliquées pour qu'elles puissent réunir les qualités qu'il desire; car ces combinaisons sont en général plus fusibles, plus dures, et ont moins de retrait que les métaux purs et que les alliages binaires.

De ces derniers alliages, celui de cuivre rouge et de zinc est celui qui conviendrait le mieux par rapport à sa belle couleur et à la facilité que l'on a à le dérocher par les procédés ordinaires; c'est donc cet alliage qu'il faut perfectionner : l'expérience n° 6 du tableau démontre qu'on y réussira en y ajoutant de l'étain et du plomb, et nous arrivons ainsi, par synthèse, à conseiller l'emploi de l'alliage que les fondeurs tâchent continuellement de composer, mais qu'ils font rarement de bonne qualité.

Nous avons vu que les fondeurs emploient ordinairement 75 de cuivre jaune et 25 de cuivre rouge étamé et garni de soudure. Le cuivre jaune du commerce contient, terme moyen, au cent (1) :

---

(1) Voyez, *Annales de Chimie et de Physique*, tome V, page 321, le Mémoire publié par M. Chaudet sur le cuivre jaune du commerce, et le Mémoire histo-

Cuivre pur............. .... 63,70.
Zinc................... ..... 33,55.
Étain. .... 2,50.
Plomb................... 0,25.
———
100.

et le cuivre chargé d'étamage et de soudure contenant environ au cent :

Cuivre pur.................. 97.
Etain....................... 2,5.
Plomb..................... 0,5.
———
100.

on voit que l'alliage que forment ordinairement les fondeurs se trouve composé par quintal à peu près comme il suit :

Cuivre pur .... 72.
Zinc................... ... 25,2.
Étain...................... 2,5.
Plomb................... 0,3.
———
100.

J'ai en effet analysé un grand nombre d'échantillons de bronzes dorés anciens et modernes ; j'ai constamment trouvé l'alliage

---

rique que M. Berthier vient de publier sur le même sujet dans les *Annales des Mines*, tome III, page 65, année 1818.

quaternaire et souvent même plus compliqué (1); quelques-uns contenaient en outre du fer, de l'antimoine, de l'or ou de l'argent, mais ce n'était qu'accidentellement et en petite quantité.

Le tableau qui termine le Mémoire contient, sous les n°s 9 *a* et *b*, 10 *a* et *b*, les résultats de ces analyses, et la colonne n° 11 prouve encore que les frères Keller, célèbres fondeurs du siècle de Louis XIV, avaient aussi préféré l'emploi de l'alliage quaternaire. L'analyse indique en effet que les belles statues qui ornent le parc de Versailles ont été coulées avec un alliage qui contient au cent :

Cuivre...................	91,40.
Zinc.....................	5,53.
Étain....................	1,70.
Plomb...................	1,37.
	100.

d'où il suit qu'il faut admettre, comme prin-

---

(1) J'ai essayé un morceau de cuivre doré venant de la Chine, qui ne contenait que du cuivre, du zinc et du plomb; un échantillon de cuivre doré, venant de Berlin, ne contenait que du cuivre et du zinc. Toutes les pièces laminées qui se dorent en France sont de même faites en cuivre jaune; mais ce ne sont là que des exceptions souvent commandées par la nature de l'ouvrage.

cipe démontré depuis long-temps par l'expérience, que l'alliage quaternaire de cuivre, de zinc, d'étain et de plomb est le meilleur à employer pour la fonte des pièces de bronze.

Ce fait prouvé, il ne s'agit plus que d'établir les meilleures proportions à suivre dans la composition de cet alliage, d'indiquer ainsi aux fondeurs une marche certaine, et de leur éviter les tâtonnemens qu'ils sont obligés de faire, et qui ne les conduisent que rarement et par hasard à de bons résultats.

M. Dussaussoy, chef de bataillon et adjoint au Comité central d'artillerie, chargé par le ministre de la guerre de déterminer quel était le meilleur alliage à employer pour fondre les garnitures d'armes, a fait à ce sujet, l'an passé, un travail complet (1); il a parfaitement démontré que cet alliage devait contenir au cent :

Cuivre	80.
Zinc	17.
Étain	3.
	100.

qu'il avait alors le plus de ténacité, de malléabilité, de dureté et de densité réunies; mais

---

(1) *Annales de Chimie et de Physique*, tome V, pages 113 et 225.

la densité étant la propriété la plus importante à donner aux bronzes destinés à être dorés, cet alliage convient moins pour cet objet que les alliages quaternaires essayés, mais rejetés par M. Dussaussoy. En examinant le beau travail qu'il a fait à ce sujet, j'y trouve que l'alliage le plus convenable pour l'art du fabricant de bronze et du doreur est celui qui est formé :

De Cuivre.................... 82.
Zinc.................... 18.
Étain.................... 3.
Plomb.................... $1\frac{1}{2}$.

Ou de Cuivre.................... 82.
Zinc.................... 18.
Étain.................... 1.
Plomb.................... 3.

si l'on veut sacrifier un peu de la ténacité de l'alliage pour augmenter sa densité, ce qui devient avantageux dans la coulée des pièces de petites dimensions (1).

---

(1) On trouve, page 195 du premier volume de la *Description des brevets d'invention*, une note dans laquelle il est dit que M. Léonard Tournu a découvert la composition d'un alliage qui emploie, pour être doré, $\frac{1}{3}$ moins d'or que l'alliage ordinaire.

L'alliage de M. Tournu se faisant en fondant ensemble 16 onces de cuivre rouge, 2 onces de laiton et 3 onces

J'ai composé le premier de ces alliages et j'en ai coulé la pièce n° 7. — Les résultats de cette fonte sont consignés dans le tableau sous le même numéro, et prouvent toute l'exactitude de ce qui vient d'être dit. Ce sont donc ces alliages que je conseille aux fondeurs d'imiter le plus qu'ils pourront ; ils doivent en former un de toutes pièces avec des métaux purs, et garder le lingot pour le comparer à ceux qu'ils obtiendront lorsqu'ils ne pourront suivre d'autre marche que le tâtonnement.

Les fondeurs plus instruits feront l'alliage avec des métaux purs, comme cela se pratique aujourd'hui à la fabrique d'armes de Versailles, ou suivront au moins une marche certaine s'ils sont obligés par les circonstances ou par

---

de zinc, doit contenir au cent, en calculant d'après les résultats analytiques cités plus haut :

Cuivre.......................... 82,257.
Zinc............................ 17,481.
Étain........................... 0,238.
Plomb.......................... 0,024.
                                —————
                                100.

ce qui démontre encore l'avantage de l'alliage quaternaire pour les pièces destinées à être dorées, et ce qui prouve de plus en plus la bonté de l'alliage que je propose d'adopter.

économie d'employer de vieux bronzes ou de la *mitraille pendante*.

Ils devront alors couler ces débris en lingots, en faire faire l'analyse, et ajouter ce qui y manque pour ramener l'alliage aux proportions indiquées plus haut.

CHAPITRE II.

De l'or employé pour préparer l'amalgame.

Les doreurs emploient ordinairement de l'or qui leur est vendu comme or fin, mais qui n'est souvent qu'au titre de 998 à 995 millièmes. Quelques ouvriers se servent même de ducats, dont le titre varie depuis 976 jusqu'à 983 millièmes; mais il leur arrive alors souvent d'éprouver beaucoup de difficultés pour préparer l'amalgame.

En employant de l'or allié avec beaucoup d'argent, l'amalgame se préparerait assez aisément; mais la dorure qui serait faite avec l'alliage triple du mercure de l'or et de l'argent aurait une teinte verte qui, n'étant pas de mode, serait rejetée par le commerce. L'emploi de l'or allié de cuivre présenterait plus de difficultés, parce que cet alliage résiste fortement, lorsqu'il est à bas titre, à l'action du mercure ; il donnerait d'ailleurs une amalgame grenue et difficile à étendre sur le bronze, et la pièce qui en serait dorée ne présenterait qu'une teinte plus ou moins rougeâtre et désagréable à l'œil.

L'ouvrier doreur ne doit donc employer que de l'or pur ou presque pur (1) pour préparer son amalgame ; il doit le réduire, au moyen du marteau ou du laminoir, en feuil-

---

(1) J'ai vu des ouvriers doreurs préférer l'emploi de l'or contenant quelques millièmes d'alliage, à celui de l'or pur. M. Houard m'a dit que l'or le plus convenable était celui qui contenait 14 millièmes d'argent et 6 millièmes de cuivre par gramme. Tous prétendent qu'alors l'amalgame se forme mieux, qu'elle reste plus *pâteuse*, qu'elle est moins grenue et qu'elle s'applique plus facilement sur le bronze, et disent qu'en employant de l'or au titre de $\frac{1000}{1000}$, il faut y ajouter une plus grande quantité de mercure pour pouvoir employer l'amalgame avec facilité, et qu'alors les déchets que l'on éprouve sont plus considérables. En supposant ces observations fondées, il resterait à examiner s'il n'y aurait point un avantage réel, sous le rapport de l'art, à employer l'or pur, et s'il ne serait pas convenable d'engager les ouvriers à s'habituer à employer l'amalgame qui serait préparée avec cet or.

les aussi minces que possible, afin de favoriser l'action du mercure, et pour rendre plus facile la dissolution de l'or dans ce métal. L'or fin en poudre, provenant des affinages, conviendrait bien pour la préparation de l'amalgame; mais la crainte d'être trompé en l'achetant, détourne les doreurs de s'en servir, et leur fait donner la préférence à l'or en lingots ou à l'or déjà réduit en feuilles. La belle couleur de l'or, la flexibilité, ou, pour mieux dire, la mollesse de ces feuilles, sont les caractères extérieurs que consultent les doreurs : achetant ordinairement trop peu d'or à la fois pour trouver le paraphe de l'essayeur sur la partie de lingot qu'ils reçoivent du marchand, ou pour pouvoir en faire vérifier le titre, il n'est pas étonnant de voir la cupidité profiter de l'impossibilité où ils sont de s'assurer de la pureté de l'or qu'ils achètent. Le seul moyen que les doreurs auraient d'éviter cette fraude, serait donc de ne s'adresser qu'à des négocians honnêtes, et de ne pas préférer le bon marché que leur font des marchands d'or et d'argent qui ne rougissent pas de tromper leur confiance.

———

CHAPITRE III.

Du mercure qu'emploient les doreurs.

Les doreurs emploient le mercure pour faire l'amalgame d'or et pour préparer la dissolution mercurielle qui sert à appliquer cette amalgame sur le bronze bien décapé. Le mercure employé dans ces opérations doit être parfaitement pur; s'il ne l'était pas, les métaux étrangers qu'il contiendrait seraient déposés avec l'or sur la surface du bronze, et y détruiraient tout l'effet de la dorure ou lui donneraient une teinte désagréable.

Le mercure pur doit être brillant; il ne doit pas faire la *queue* ou laisser de traces après lui lorsqu'on le fait rouler sur une feuille de papier ployée en caisse; il ne doit pas laisser de résidu lorsqu'on le passe à la peau de chamois; il doit être entièrement volatil, et doit passer en entier à la distillation dans le récipient.

Si le mercure que l'on veut employer ne possède point ce degré de pureté, il faut essayer de l'y ramener, en le faisant passer à plusieurs reprises à travers une peau de chamois, et en séparant à chaque fois l'amalgame qui reste sur la peau. Si ce procédé ne suffit point, on est obligé de laver le mercure, s'il contient des ordures, de le sécher et de le distiller dans une cornue de verre, ou, ce qui est mieux, dans une cornue de fonte, en ajoutant au col de la cornue un linge mouillé, et trempant par son extrémité inférieure dans un vase plein d'eau. On lave bien le mercure qui a passé à la distillation; on le fait sécher avec soin, en le chauffant dans un vase de terre, de verre, de tôle ou de porcelaine, et on le conserve dans une bouteille, à l'abri de la poussière, pour s'en servir au besoin.

CHAPITRE IV.

De l'acide nitrique employé par les doreurs.

Les doreurs emploient l'acide nitrique dans plusieurs de leurs opérations; ils s'en servent pour dérocher ou pour décaper les pièces de bronze recuités qu'ils veulent dorer. En l'étendant de beaucoup d'eau, ils en forment l'*eau seconde* dont ils font usage pour laver les pièces dorées avant de les mettre au *mat*, en *or rouge* ou en *or moulu*, et pour les laver de nouveau après ces opérations. Quelques-uns en préparent la dissolution de mercure qui leur sert à appliquer l'amalgame d'or sur la pièce; d'autres font usage de l'acide seul pour produire cet effet.

Il n'est point nécessaire que l'acide nitrique soit pur pour servir au décapage du bronze; il serait même peut-être alors moins convenable pour cette opération, en raison de l'étain qui fait toujours partie des alliages de cuivre employés par les doreurs. Cet acide pur oxiderait l'étain à la surface du bronze; l'oxide d'étain donnerait au cuivre une teinte peu agréable, et nuirait probablement à l'application de l'amalgame. L'acide nitrique destiné au dérochage peut donc sans inconvénient, et je crois même avec avantage, contenir de l'acide muriatique; j'en ai vu de pareil employé avec succès. Mais il n'en est pas de même lorsqu'il s'agit de dissoudre le mercure et de préparer la dissolution mercurielle qui doit servir à appliquer l'amalgame sur la pièce de bronze : le doreur doit alors se procurer de l'acide nitrique pur, ou au moins ne contenant que des atomes d'acide muriatique et d'acide sulfurique. S'il néglige ce soin, il n'obtient que des dissolutions de mercure troubles et qui gênent son travail, comme nous le dirons bientôt en parlant de la préparation de la dissolution du mercure dans l'acide nitrique.

La fabrication de l'acide nitrique est maintenant si perfectionnée, que les doreurs trouvent facilement dans le commerce l'acide pur dont ils ont besoin; ils peuvent le choisir, en l'essayant comme il est dit plus bas. Mais comme il peut cependant arriver qu'ils n'en trouvent pas de pur, et qu'ils soient obligés d'en purifier eux-mêmes, j'ai cru utile de leur indiquer le procédé qui suit, et qui réunit tous les avantages que l'on peut desirer par rapport au besoin de l'art qui nous occupe.

Pour purifier l'acide nitrique contenant de l'acide muriatique et de l'acide sulfurique, il suffit de le distiller seul dans une cornue de verre, en faisant fortement bouillir l'acide nitrique impur tant que l'acide qui passe dans le récipient ne dissout pas complétement le mercure, ou forme un dépôt quand on le verse dans la dissolution mercurielle pure et bien claire. Dès que l'acide qui passe à la distillation peut dissoudre complétement le mercure, et lorsqu'il ne se trouble plus par l'addition de quelques gouttes de bonne dissolution mercurielle, on diminue le feu et on conduit l'opération lentement, et jusqu'au point de faire passer dans le récipient presque tout l'acide qui a été mis dans la cornue.

L'acide muriatique passe en premier, l'acide nitrique pur distille ensuite, et il reste dans la cornue un mélange d'acide nitrique et d'acide sulfurique. On laisse tomber le feu, et lorsque la cornue est refroidie, on mélange l'acide impur qui y est resté, avec la première portion d'acide qui a passé à la distillation, et on a ainsi un acide impur très-convenable pour dérocher ou décaper le bronze : le reste de l'acide nitrique obtenu est parfaitement pur ; il dissout à froid complétement le mercure, et donne des dissolutions mercurielles parfaites.

On voit combien ce procédé de purification convient aux doreurs; ils y trouvent le moyen de séparer l'acide nitrique pur de l'acide impur, et de préparer ainsi, presque sans frais, les deux espèces d'acide nitrique dont ils ont besoin. En traitant ainsi de l'acide nitrique à 36° (1333, pesanteur spécifique) provenant d'une mauvaise fabrique, j'ai remarqué que les premières portions d'acide qui passaient à la distillation étaient très-faibles en densité, tandis que l'acide pur qui distillait pendant les $\frac{2}{3}$ de l'opération marquait jusqu'à 40° et 43° de l'aréomètre de Baumé (1400, pesanteur spécifique). Cet acide ne doit pas être employé à ce degré de concentration; il faut y ajouter de l'eau en quantité suffisante pour le réduire au degré où l'emploient ordinairement les doreurs.

La distillation de l'acide nitrique impur donne quelques vapeurs qu'il faut éviter de respirer : on doit les condenser en les faisant passer, au moyen d'un appareil convenable, dans l'eau chargée de chaux, de potasse ou de soude, ou dans une dissolution de couperose; on peut encore s'en débarrasser en les conduisant, au moyen d'un tube de verre, dans la cheminée de la forge, ou, ce qui est plus simple, en montant l'appareil distillatoire sous le manteau de cette forge, pour que toutes les vapeurs soient entraînées au dehors par le courant d'air, que l'on peut y accélérer à volonté.

CHAPITRE V.

De l'acide sulfurique et de l'emploi de cet acide dans les ateliers de doreurs.

L'ACIDE sulfurique faible s'emploie dans quelques ateliers sous le nom d'*eau seconde* pour dérocher le bronze après le recuit et avant l'application de l'amalgame. Cet acide concentré se trouvant toujours à un haut degré de pureté dans le commerce, et sa pureté n'étant pas d'ailleurs nécessaire pour opérer le décapage du bronze, nous nous contenterons d'indiquer aux doreurs l'avantage qu'ils auraient à n'acheter aux fabricans d'acide sulfurique que de l'acide faible à 50 ou 55° (1600, pesanteur spécifique), tel qu'il sort des chambres de plomb; cet acide coûterait beaucoup moins cher, puisque la nécessité d'ajouter de l'eau à l'acide concentré fait que l'on épargnerait dans ce cas les frais de concentration. Nous ajouterons en outre que l'acide sulfurique sortant des chambres de plomb contient toujours un peu d'acide nitrique et d'acide muriatique, et qu'il doit par conséquent dérocher plus facilement et mieux le bronze recuit qui y est plongé.

CHAPITRE VI.

De l'amalgame d'or et de sa préparation.

L'AMALGAME d'or se prépare avec beaucoup de facilité. L'ouvrier pèse l'or fin qu'il veut dissoudre dans le mercure et qui doit être réduit en lames très-minces; il le met dans un petit creuset (*fig. 3, planche I*), sur un feu de charbon de bois allumé sur la paillasse de la forge; il fait légèrement rougir le creuset (1), et y verse la quantité de mercure né-

---

(1) Ce creuset doit être d'un grain fin et assez uni pour que le mercure ne s'introduise pas dans ses pores, et pour que l'amalgame n'y adhère point. Quelques doreurs brasquent le creuset avec du blanc d'Espagne délayé dans de l'eau gommée, ou avec la composition dont on se sert pour *épargner*, et dont nous parlerons dans la suite; d'autres se servent de terre à four, etc.

cessaire (1); il agite le mélange avec une baguette de fer recourbée en crochet (*fig*. 4), en laissant le creuset sur le feu, et le retire quelques minutes après, lorsqu'il sent que la combinaison est achevée; il verse alors l'amalgame dans de l'eau (2), la lave avec soin, et en exprime, en la comprimant avec ses deux pouces contre les parois de la petite terrine (*fig*. 5) où s'est fait le lavage, tout le mercure coulant qui peut ainsi s'en séparer.

L'amalgame qui reste sur les bords inclinés de ce vase est alors pâteuse au point de conserver les empreintes des doigts; on la garde à l'abri de la poussière, et on l'emploie pour en charger la gratte-bosse et pour en couvrir les pièces de bronze que l'on veut dorer.

---

(1) Pour peser aisément la quantité juste de mercure que l'on veut employer, il faut se servir de la pipette en verre que l'on voit *planche 1, fig*. 21. L'extrémité *a* de cet instrument n'est percée que d'un trou très-petit, et qui ne laisse passer qu'un filet très-fin de mercure. On fait usage de cette pipette comme les marchands de vin se servent de l'outil en fer-blanc qu'ils nomment *chantepleure*, *tâte-liqueur* ou *pompe des celliers*.

(2) Cette opération, que les doreurs jugent indispensable, sans pouvoir en dire la raison, a sans doute pour but de rendre l'amalgame pâteuse, en empêchant la cristallisation régulière, et en la rendant confuse au moyen d'un prompt refroidissement.

L'ouvrier met ordinairement, pour faire l'amalgame, environ 8 parties de mercure contre une d'or. C'est donc une amalgame avec excès de mercure qu'il prépare; car l'on sait que cette combinaison, comprimée dans la peau de chamois, abandonne facilement assez de mercure pour ne plus contenir, au cent, que :

Mercure...................... 33.
Or........................... 67.
                              ———
                              100.

J'ai analysé de l'amalgame prise chez différens doreurs, et je l'ai trouvée en général composée, au cent, de :

Or...................... 9 à 11.
Mercure................. 91 à 89.

avec des quantités sensibles d'argent et de cuivre; mais on conçoit que ces proportions peuvent varier suivant la dorure que l'on veut appliquer sur le cuivre, puisque plus le mercure domine dans l'amalgame, plus la couche d'or qu'il laisse sur la pièce où on l'a appliquée doit être mince, et *vice versâ*.

J'ai vu des ouvriers qui faisaient chauffer le mercure avant de le verser sur l'or; d'autres, au contraire, l'y versaient avec un peu d'eau. Le premier procédé me paraît le meilleur, parce qu'il favorise la combinaison, qui est au reste si facile, qu'on l'opère toujours bien, quel que soit le procédé que l'on emploie (1).

Le mercure qui coule et se sépare de l'amalgame sous la pression des doigts contient beaucoup d'or en dissolution ; c'est une amalgame avec un grand excès de mercure : on s'en sert soit pour refaire de nouvelle amalgame, soit pour couvrir les pièces de cuivre qui n'ont besoin que d'être très-légèrement dorées.

Quoique la préparation de l'amalgame se fasse facilement et à une basse température, elle n'en est pas moins à redouter pour la santé des ouvriers. On peut éviter de répandre dans l'atelier les vapeurs qu'elle donne, en la faisant sous le manteau de la forge et dans l'endroit où le courant d'air y est le plus rapide. L'ouvrier doreur éviterait encore une légère cause d'insalubrité en ne comprimant son amalgame qu'au moyen d'une peau de chamois, ou en se couvrant les mains avec des gants de peau, de vessie, ou de taffetas ciré,

---

(1) M. de Tingry a proposé de préparer l'amalgame d'or dans une fiole ou dans un petit matras ; il évite ainsi toute perte de mercure et toute cause d'insalubrité dans cette opération. (*Voyez* Mémoires de la Société établie à Genève pour l'encouragement des arts, tome I, page 85.)

ou au moins en se lavant les mains après cette opération.

CHAPITRE VII.

De la préparation de la dissolution mercurielle.

Nous avons dit que l'amalgame d'or s'appliquait sur le bronze, soit au moyen de l'acide nitrique pur, soit au moyen de cet acide tenant en dissolution un peu de mercure.

En examinant ce second procédé, j'ai trouvé qu'il était fort imparfait; que la quantité de mercure employée était infiniment trop petite pour opérer la saturation de l'acide, et que ce procédé, présentant presqu'autant d'inconvéniens que l'emploi de l'acide nitrique pur, n'était employé que dans quelques ateliers. On conçoit en effet que les doreurs, mettant peu de mercure dans l'acide nitrique impur du commerce, ne font pour ainsi dire que purifier cet acide, puisque tout ou presque tout le mercure employé est précipité à l'état de sels

sels insolubles, en se combinant avec les acides muriatique et sulfurique qui se trouvent dans l'eau-forte ordinaire (1). J'ai pensé qu'il suffisait de régulariser ce procédé et d'en bien calculer les doses, pour le rendre bon et pour arriver au but que les ouvriers doreurs s'étaient proposé.

J'ai essayé l'emploi de la dissolution de mercure saturée et très-étendue d'eau ; la réussite a été complète. Voici le résultat du travail entrepris à ce sujet :

Nous avons dit, en parlant de l'acide nitrique, que cet acide devait être pur pour bien dissoudre le mercure. S'il contenait de l'acide muriatique ou de l'acide sulfurique, il se formerait dans cette opération des sels mercuriels insolubles qui, se précipitant au fond du vase où s'opère la dissolution, ralentiraient l'action de l'acide, jetteraient de l'incertitude sur les doses respectives d'acide et de mercure employées, et causeraient d'ailleurs une perte sensible aux doreurs qui, ne sachant pas traiter ces précipités, les rejetteraient comme inutiles.

Dix grammes de mercure se dissolvent com-

---

(1) J'ai vu souvent ne mettre que 12 grammes de mercure sur 88 grammes d'acide nitrique à 36°, et n'ajouter que peu d'eau à cette dissolution.

plétement à froid dans 10 grammes d'acide nitrique pur à 36° (1333, pesanteur spécifique).

Mais si on ajoute à ces mêmes doses une goutte d'acide muriatique, on n'obtient qu'une dissolution imparfaite et qui laisse déposer un précipité blanc, soluble à chaud, dans un excès d'acide nitrique pur, mais qui reparaît et devient jaune lors du refroidissement de la liqueur.

En employant 10 grammes d'acide nitrique pur au même degré, 10 grammes de mercure et une goutte d'acide sulfurique, on n'a de même qu'une dissolution imparfaite qui laisse précipiter un dépôt blanc, devenant jaune lorsqu'on élève la température de la dissolution.

On voit donc que le doreur ne doit employer que de l'acide nitrique pur pour dissoudre le mercure. Nous allons maintenant indiquer les moyens d'obtenir une bonne dissolution le plus économiquement possible, et sans s'exposer à respirer des vapeurs nuisibles.

On sait qu'en traitant le mercure par l'acide nitrique, on perd d'autant plus d'acide que le degré de chaleur auquel on opère est plus fort. On doit donc opérer à froid. La dissolution qu'emploient les doreurs devant être liquide et sans dépôt, doit être étendue d'assez d'eau pour ne pas laisser cristalliser le sel mercuriel, et doit par conséquent contenir un léger excès d'acide. On pourrait la faire en n'employant que de l'acide nitrique faible ; mais, en examinant cette opération, j'ai trouvé qu'il y avait plus d'avantage à la faire avec de l'acide nitrique à 36°. Nous partirons donc de ces bases pour établir les proportions à suivre.

100 grammes d'acide nitrique pur à 36° peuvent dissoudre à froid jusqu'à 160 grammes de mercure, mais le sel mercuriel qui se forme ne peut plus se dissoudre en entier dans l'eau ; il faut donc mettre moins de mercure, afin que la dissolution contienne un excès d'acide assez grand pour qu'elle puisse être affaiblie convenablement avec de l'eau sans donner de précipité : cet effet a lieu lorsque l'on n'a fait dissoudre que 100 de mercure dans 110 d'acide nitrique à 36°. Voici la description des moyens à employer pour préparer la dissolution mercurielle.

Premier procédé.

On met dans un matras de verre 100 grammes de mercure et 110 grammes d'acide nitrique pur à 36° ; on porte le matras sous le manteau de la forge, dans l'endroit où le courant d'air est le plus fort, et on l'y laisse jusqu'à ce que la dissolution soit complète (1); on verse cette dissolution dans une bouteille propre, et on y ajoute 5 kilog. 500 grammes, ou 5 litres ½ d'eau distillée; on agite bien le mélange et on le garde pour le besoin.

Deuxième procédé.

On prend une bouteille de verre blanc, à large goulot, pouvant contenir 6 ou 7 litres; on y met 5 kilog. 600 grammes d'eau, et on marque avec une bande de papier collée, ou par tout autre moyen, la hauteur où s'élève la quantité d'eau indiquée. On vide la bouteille, on la fait égoutter et sécher, et on la conserve pour préparer la dissolution mercurielle, comme nous le dirons bientôt.

On se procure une petite fiole pouvant contenir, étant pleine, 120 grammes d'acide

---

(1) On peut encore placer le matras dans lequel on opère la dissolution du mercure, sous le manteau de la forge, au bas de la cheminée du fourneau d'appel, et de manière à pouvoir en engager le col dans la fente qui est réservée au bas de cette cheminée, comme on le voit en M dans les modèles et sur les dessins que je joins à ce Mémoire; les vapeurs nuisibles sont alors bien plus sûrement éloignées de l'atelier, et entraînées au dehors par le tuyau de la cheminée.

nitrique à 36°; on y met 110 grammes de cet acide, et on marque en dehors, sur le col de la fiole, la hauteur à laquelle s'élève l'acide, en y faisant une marque avec une pierre à fusil, une lime ou un diamant.

Ces deux bouteilles, ainsi jaugées, simplifient et rendent bien facile la préparation de la dissolution mercurielle, qui se fait alors comme il suit.

On pèse 100 grammes de mercure; on les met dans la grande bouteille, qui doit être bien lavée et séchée; on emplit la fiole d'acide nitrique pur à 36°, jusqu'à la marque tracée sur le col; on verse cet acide dans la bouteille à large goulot, où sont les 100 grammes de mercure; on renverse la fiole en en introduisant le col dans le goulot de la grande bouteille; on l'y laisse renversée en place de bouchon, et pour qu'elle s'y égoutte bien. On porte la grande bouteille, ainsi couverte, sous le manteau de la forge. Le mercure se dissout très-promptement sans le secours de la chaleur. Lorsque la dissolution est complète, on enlève la fiole, on la lave à plusieurs reprises avec de l'eau distillée que l'on verse dans la grande bouteille; on met à égoutter la fiole, et on la conserve pour servir toujours au même usage.

On remplit la grande bouteille avec de l'eau distillée, jusqu'à la marque dont nous avons parlé; on bouche la bouteille et on l'agite bien en tout sens pour opérer le mélange complet de l'eau et de la dissolution mercurielle qui se trouve ainsi bonne à être employée.

On ne doit se servir dans cette opération que de l'eau de pluie ou de l'eau distillée. Si on employait de l'eau impure pour laver les bouteilles ou pour affaiblir la dissolution mercurielle, elle serait chargée de dépôt blanc qui s'en séparerait, il est vrai, par le simple repos, mais que l'on peut éviter facilement, puisque l'on trouve de l'eau distillée chez tous les pharmaciens, et que les doreurs, à défaut d'eau de pluie, peuvent d'ailleurs préparer eux-mêmes le peu d'eau distillée dont ils ont besoin.

Ces deux procédés donnent une dissolution mercurielle qui ne revient au plus qu'à 18 centimes le litre, et qui remplit toutes les conditions demandées. Lorsqu'on s'en sert pour appliquer l'amalgame sur le bronze, elle contient assez d'excès d'acide pour agir sur le cuivre, pour le décaper et pour aider ce métal à décomposer la dissolution mercurielle; mais cet excès d'acide n'est pas assez grand pour donner naissance aux vapeurs rutilantes et délétères que respirent les ouvriers qui se servent d'acide nitrique pur pour appliquer l'amalgame sur le bronze. Cette dissolution ne laisse donc rien à desirer (1); elle donne un moyen parfait de rendre salubre une des opérations les plus nuisibles qu'aient à pratiquer les ouvriers doreurs. Sa préparation ne nuit en rien à leur santé; et

---

(1) J'ai distribué plus de vingt seaux de cette dissolution à différens doreurs qui en ont été fort satisfaits. Tous se sont accordés à dire qu'en employant cette dissolution pour appliquer l'amalgame sur le bronze, ils étaient débarrassés de toute mauvaise odeur.

Cette préparation ne marquant que 3 degrés à l'aréomètre de Baumé (1020, pesanteur spécifique), et ne contenant d'ailleurs en dissolution qu'un sel avec un faible excès d'acide, n'attaque pas leurs mains et n'en désorganise pas la peau, comme cela a lieu lorsque les doreurs emploient l'eau-forte pure pour appliquer l'amalgame sur le bronze.

La dissolution mercurielle dont nous parlons ne doit être employée que pour dorer en premier *buis*. Pour dorer en second *buis*, il faut la fortifier en y ajoutant quelques gouttes d'acide nitrique pur, et cela peut avoir lieu sans inconvénient, parce qu'alors le bronze est presque partout recouvert d'or, et qu'il est bien plus difficilement attaqué par les acides qui ne s'y décomposent que faiblement, et sans donner lieu à un dégagement sensible de vapeurs nuisibles à la santé.

son application est sans contredit un des plus grands perfectionnemens à introduire dans les ateliers de doreurs. Il ne reste donc, à cet égard, qu'à faire des vœux pour que l'emploi de cet excellent procédé devienne général, et fasse abandonner l'usage d'appliquer l'amalgame sur le bronze au moyen de l'acide nitrique ou de la composition que les ouvriers doreurs nomment *gaz*, et qui entraîne presqu'autant d'inconvéniens que l'emploi de l'acide pur.

CHAPITRE VIII.

Du recuit des pièces destinées à être dorées.

LA pièce de bronze que l'on veut dorer doit être recuite en sortant des mains du tourneur et du ciseleur (1) qui en ont terminé le dessin ou la gravure. L'ouvrier doreur recuit la pièce en la posant sur des charbons de bois allumés

---

(1) Le ciseleur ne fait recuire la pièce que lorsqu'il y est obligé par la nécessité d'en réparer quelques défauts, ou d'y mettre quelques grains de soudure.

et en l'entourant de charbon, et surtout de mottes à brûler, qui donnent un feu plus égal et moins vif; il veille à ce que les parties minces de la pièce ne se chauffent pas plus que les parties épaisses (1). Lorsque la pièce est portée à la chaleur rouge-cerise, l'ouvrier enlève le combustible qui l'entoure, prend la pièce avec précaution, au moyen du crochet, de la petite tringle de fer ou de la pince à longues branches (*fig.* 4, 8 *et* 15, *planche 1*), et la met à refroidir à l'air et lentement.

Cette opération serait très-insalubre, si la forge sur laquelle on la fait n'avait pas assez de tirage. La haute température à laquelle le bronze est porté, détermine à la surface de la pièce l'oxidation d'une partie de l'alliage : il se volatilise du cuivre et du zinc oxidés qui colorent la flamme en beau vert, et qui, réunis aux gaz délétères provenant de la combustion du charbon, nuiraient infiniment à la santé des ouvriers, si le courant d'air n'entraînait pas ces vapeurs nuisibles au dehors.

---

(1) En opérant le recuit dans un endroit obscur, on a l'avantage de donner plus facilement une chaleur rouge égale à toutes les parties de la pièce. J'ai construit sur ce principe une forge à recuire chez MM. Denière et Matelin, rue d'Orléans, n° 9.

Je ne vois ici qu'une légère observation à faire dans l'intérêt de l'art; je crois que l'on aurait de l'avantage à mieux couvrir la pièce de combustible qu'on ne le fait ordinairement : on éviterait alors le contact inégal de l'air non décomposé sur la pièce portée à la chaleur rouge; l'oxidation de la surface du métal serait moindre, ou du moins plus uniforme, et le fini de la ciselure serait d'autant mieux conservé. Le recuit produit, il me semble, un effet auquel on n'a point encore fait assez d'attention; il change la proportion de l'alliage à la surface de la pièce, parce que le zinc se volatilise, non-seulement en passant à l'état d'oxide, mais encore à l'état métallique, lorsqu'il est entouré de charbon en poudre et suffisamment chauffé. Le recuit tend donc à ramener plus ou moins la surface de l'alliage à l'état de cuivre rouge : ce qui peut contribuer à donner une belle teinte à la dorure. Les doreurs varient d'opinion à ce sujet, probablement parce qu'ils n'ont pas assez examiné la question; ils croient en général que le recuit n'a pour but que de nettoyer, de dégraisser la pièce, et de rendre plus facile l'application de l'amalgame à sa surface. Ils attribuent la belle couleur que prend la dorure à ce nettoyage parfait; mais je pense que la cause indiquée plus haut contribue aussi à produire ce bon effet. La surface de la pièce ramenée plus ou moins à l'état de cuivre rouge prend mieux la dorure et lui donne une belle couleur, tandis que l'alliage, n'ayant changé de proportions qu'à la surface de la pièce, conserve l'avantage que lui donne sa densité, et ne s'imbibe pas d'amalgame d'or comme le ferait une pièce coulée en cuivre pur.

Pour résoudre cette question, il faudrait prendre quelques pièces pareilles, coulées toutes à la fois avec l'alliage ordinaire; on les ferait ciseler sans les recuire; on en décaperait quelques-unes mécaniquement, en les frottant avec du sable ou avec de la pierre ponce en poudre fine, et on préparerait les autres comme on le fait ordinairement; on dorerait toutes ces pièces avec la même amalgame, en ayant soin de mettre sur chacune la même quantité d'or; on les terminerait en en passant au *mat*, à l'*or moulu*, à la couleur d'*or rouge* et au *bruni*, et on verrait si le recuit contribue réellement à rendre la couleur de la dorure plus belle et plus agréable à l'œil. S'il en était ainsi, le doreur pourrait rendre à volonté cet effet complet; il pourrait peut-être même le produire avec avantage dans certaines circonstances, en tenant la pièce de bronze pendant quelques minutes dans de la potasse caustique fondue ; car la potasse portée à cette haute température dissoudrait le zinc, et probablement l'étain et le plomb de l'alliage, et en convertirait très-bien la surface à l'état de cuivre rouge, sans changer la nature de l'alliage au centre de la pièce. Je terminerai ce chapitre en faisant observer que le recuit augmente sensiblement le poids de la pièce de bronze. L'oxidation est donc plus forte qu'il ne faut pour contre-balancer la perte en zinc ou en cuivre que la pièce éprouve dans cette opération. Le tableau qui se trouve à la fin de ce Mémoire prouve cette vérité.

CHAPITRE IX.

Du dérochage ou décapage de la pièce de bronze recuite.

Lorsqu'on a fait recuire la pièce de bronze, il faut enlever de sa surface la couche d'oxide qui s'y est formée. On emploie différens procédés pour produire cet effet.

On trempe la pièce dans un baquet rempli d'acide sulfurique ou d'acide nitrique très-étendu d'eau, que l'on nomme *eau seconde*; on l'y laisse assez de temps pour que la couche d'oxide soit bien dissoute ou au moins délayée, et on l'y frotte avec une brosse rude. Lorsque la pièce est bien décapée, on la lave et on la fait sécher. Sa surface est encore irisée : on la trempe alors dans de l'acide nitrique à 36° de l'aréomètre de Baumé (1333, pesanteur spécifique.), et on l'y frotte avec un pinceau à longs poils, *fig.* 1, *planche I*, dans une terrine, *fig.* 2. Cette opération met le métal à nu, mais ne le rend pas *blanc*, comme le disent les ouvriers. Pour lui donner tout l'éclat métallique, on passe enfin la pièce dans un bain d'acide nitrique à 36°, auquel on ajoute un peu de suie ordinaire et de sel marin.

L'acide sulfurique n'est pas employé dans tous les ateliers de doreurs pour commencer le dérochage. Nous avons dit qu'on s'y servait aussi, pour produire cet effet, d'acide nitrique étendu : il est même quelques ouvriers qui emploient de l'acide nitrique plus concentré; ils en couvrent alors la pièce recuite avec un pinceau à longs poils, en la tournant continuellement, en promenant le pinceau partout, et en peignant ainsi la pièce jusqu'à ce que le cuivre soit bien mis à nu : la pièce est ensuite lavée et passée dans le mélange d'acide nitrique à 36° de suie et de sel. Dans tous les cas, la pièce étant bien dérochée, est lavée avec soin à grande eau et roulée dans de la tannée, dans du son ou dans de la sciure de bois, pour la sécher complétement et pour éviter ainsi l'oxidation que l'humidité déterminerait à sa surface.

La pièce, en sortant du dérochage, doit paraître parfaitement écurée et dégagée d'oxide; le métal doit être partout mis à nu et avoir une belle teinte jaune-pâle; sa surface doit être grenue ou légèrement dépolie : si elle était trop unie, l'or n'y adhérerait que difficilement; si elle était trop rayée ou trop fortement dépolie, la dorure employerait beaucoup d'or et coûterait trop cher. Lorsqu'on emploie l'acide sulfurique pour dérocher le bronze, on a l'avantage de ne pas produire de vapeurs nuisibles à la santé des ouvriers, et surtout de ne point craindre de trouver abîmées ou détruites les pièces qui auraient été oubliées ou laissées trop long-temps dans le bain d'eau acidulée. L'emploi de l'acide nitrique faible pour commencer le dérochage a ces inconvéniens; mais lorsqu'on s'en sert, le décapage se fait plus vîte. Il en est de même de l'acide nitrique concentré et mis sur la pièce de bronze au moyen d'un pinceau : ces deux derniers procédés donnant naissance à des vapeurs très-nuisibles à la santé des ouvriers, ne doivent être suivis que sous le manteau de la forge ou sous une hotte particulière, ayant communication avec la cheminée de cette forge, qui y déterminera un appel suffisant pour entraîner au dehors toutes les vapeurs délétères.

D'après ce qui vient d'être dit, il est évident que le dérochage commencé au moyen de l'acide sulfurique faible est le meilleur, puisqu'il conserve mieux le *fini* de la pièce, et qu'il est plus salubre et le moins coûteux. Il est à regretter que ce même acide ne puisse pas servir à terminer cette opération. L'expérience a prouvé qu'une pièce dérochée entièrement au moyen de l'acide sulfurique, se dorait mal, et la théorie donne bien l'explication de ce fait. Les substances métalliques qui servent à composer l'alliage sur lequel les doreurs ont ordinairement à appliquer l'or, sont, comme nous l'avons vu, le cuivre, le zinc, l'étain et le plomb. De ces quatre métaux, il n'en est qu'un de bien soluble dans l'acide sulfurique, c'est le zinc ; le cuivre oxidé s'y dissout encore assez facilement; mais les oxides d'étain et de plomb ne s'y combinent qu'avec peine, et ce dernier même, en s'y unissant, ne forme qu'un sel insoluble. Il résulte de-là que, lors du dérochage au moyen de l'acide sulfurique, la couche d'oxide n'est en partie que délayée, et que ce qui ne peut s'enlever mécaniquement reste à la surface de la pièce, et s'y oppose à l'application de l'amalgame et à l'adhésion de la couche d'or.

L'emploi de l'acide nitrique concentré présente un peu plus d'avantages, parce que cet acide peut dissoudre plus complétement la couche d'oxide formée à la surface de la pièce pendant le recuit; mais cet acide attaque trop vivement le cuivre et le zinc, et forme encore avec les oxides de plomb, et surtout d'étain, des sels difficilement solubles. Ces sels salissent la surface de la pièce, que l'on ne parvient à bien blanchir, comme nous l'avons vu plus haut, qu'en la passant dans un bain composé d'acide nitrique concentré, auquel on ajoute du sel et de la suie. On voit que l'emploi de ce dernier bain a pour objet de dissoudre principalement l'oxide d'étain resté sur la surface de la pièce, et qu'il ne produit cet effet qu'au moyen de l'eau régale qui se forme par le mélange de l'acide nitrique avec le sel marin,

marin, et probablement avec les muriates de potasse, de soude ou d'ammoniaque que contient la suie.

On pourrait essayer d'employer l'acide muriatique pour décaper le bronze; cet acide est maintenant à très-bas prix : il aurait l'avantage d'attaquer facilement la couche de métal qui a été oxidée lors du recuit, ne donnerait pas de vapeurs nuisibles, et agirait, je crois, à la manière de l'acide sulfurique, mais un peu plus vîte que lui, parce qu'il formerait des sels métalliques plus facilement solubles.

S'il était prouvé que la dorure est d'autant plus belle que la couche extérieure de l'alliage que l'on veut dorer a été plus complétement ramenée à l'état de cuivre pur, comme nous l'avons dit à la fin du chapitre précédent, il est évident qu'il faudrait alors employer pour le dérochage l'acide qui favoriserait le plus cet effet ; ce serait l'acide sulfurique, et peut-être l'acide muriatique, qui devraient avoir la préférence, car l'acide nitrique attaque le cuivre pur avec beaucoup plus de facilité et d'énergie que ne le font ces deux acides. Dans tous les cas, le dérochage bien fait ne doit dissoudre que l'oxide formé à la surface de la pièce pendant le recuit, et ne doit attaquer en aucune manière le métal ; ce qu'il est difficile d'empêcher lorsqu'on déroche le bronze en se servant d'acide nitrique.

CHAPITRE X.

DE *l'application de l'amalgame sur le bronze bien décapé.*

Lorsque le bronze est bien déroché ou décapé, et que l'on veut y appliquer l'amalgame d'or, on met cette amalgame dans un plat de terre sans couverte et d'un grain grossier (*fig.* 6, *planche I*). On trempe la gratte-bosse à dorer, ou pinceau, fait avec des fils de laiton (*fig.* 7), dans de l'acide nitrique pur étendu d'eau, ou dans la dissolution nitrique de mercure dont nous avons parlé plus haut.

On appuie avec la gratte-bosse sur l'amalgame que l'on a posée sur la paroi légèrement inclinée du plat de terre; on tire la gratte-bosse à soi et on la charge ainsi d'une quantité convenable d'amalgame que l'on porte de suite sur la pièce qu'il s'agit de dorer (1);

---

(1) Les fils de cuivre de la gratte-bosse étant pénétrés de mercure, se chargent facilement de l'amalgame que

on l'y étend avec soin en trempant de nouveau, si cela est nécessaire, la gratte-bosse, soit dans l'acide nitrique, soit dans la dissolution mercurielle, soit enfin dans l'amalgame; et en couvrant ainsi toute la surface du bronze, l'ouvrier intelligent conduit cette opération de manière à répartir l'amalgame également sur la pièce, lorsque cette pièce doit être recouverte d'une couche d'or uniforme; mais il fait le contraire lorsque la pièce est destinée à être brunie, ou lorsque quelques-unes de ses parties ne doivent point recevoir autant d'or que les autres. L'ouvrier peint alors, pour ainsi dire, la pièce; il repasse la gratte-bosse à plusieurs reprises sur les endroits qui doivent être fortement dorés, et nuance ainsi son travail.

Dès que l'opération est terminée, on lave la pièce; on la fait sécher et on la porte au feu pour en volatiliser le mercure. Lorsque cette première couche de dorure ne suffit pas, on lave de nouveau la pièce et on recommence l'opération, mais alors il faut ajouter un peu

---

l'on touche avec; un pinceau ordinaire ne produirait pas le même effet. La gratte-bosse sert ici comme les tournevis et autres outils aimantés pourraient servir chez les horlogers et dans d'autres arts où l'on a à placer et à déplacer des pièces en fer ou en acier extrêmement petites.

d'acide nitrique pur à la dissolution mercurielle. On continue l'opération comme il a été dit, et on la réitère avec les mêmes soins deux, trois et quatre fois, suivant la quantité d'or que l'on veut appliquer sur le bronze.

En examinant avec soin cette opération, on trouve que l'application de l'amalgame est une des opérations qui nuisent le plus à la santé des ouvriers doreurs.

Ceux surtout qui emploient l'acide nitrique pur pour mouiller la gratte-bosse, pour la charger d'amalgame et pour étendre cette amalgame sur la pièce, respirent continuellement les vapeurs et les gaz extrêmement délétères qui se dégagent par suite de l'action que l'acide nitrique exerce sur l'amalgame et sur la pièce de bronze. L'ouvrier doreur, tenant la pièce d'une main, la peignant de l'autre, respire continuellement l'air qui entoure cette pièce, et en a toujours les mains et le visage enveloppés.

Les ouvriers qui se servent de la dissolution nitrique de mercure au lieu d'acide nitrique pur, n'ont point le même inconvénient à redouter. L'application de l'amalgame se fait alors sans dégagement de gaz délétère; mais peu d'ouvriers emploient cet excellent moyen, et ces ouvriers ont encore à craindre, comme les premiers, le contact continuel de leurs mains avec l'amalgame et la dissolution mercurielle.

De ces observations naissent les moyens de salubrité que l'on peut raisonnablement proposer. On doit d'abord rejeter tout-à-fait l'emploi de l'acide nitrique pur, et adopter l'usage si parfait d'appliquer l'amalgame sur la pièce par le seul moyen de la dissolution mercurielle. Si l'ouvrier persistait à employer l'acide nitrique pur pour faire cette opération, il faudrait lui conseiller de ne la pratiquer que sur une table surmontée d'une hotte communiquant, soit au dehors de la pièce avec l'air extérieur, soit avec la cheminée de la forge. Si le tirage de cette hotte n'était pas constamment bon, on le régulariserait facilement en posant sur la table et sous la hotte une seule lampe à double courant d'air, et en l'y allumant. Une table ronde, surmontée d'une hotte conique et garnie à son centre d'un bon quinquet, suffirait au service de tout un atelier.

L'ouvrier doreur doit s'accoutumer à travailler avec des gants de vessie ou de taffetas ciré. Si cette précaution le gênait trop et rendait ses manipulations plus difficiles, il pourrait couper l'extrémité des doigts de ses gants, et ne s'en servir alors que pour couvrir la partie supérieure des doigts et le haut de la main.

L'ouvrier doit se laver avec soin la bouche, le visage et les mains avant de sortir de l'atelier, et surtout avant de manger. Il doit laver ses mains d'abord avec de l'eau tiède, et ensuite avec de l'eau de savon pour en enlever complétement l'amalgame et la dissolution mercurielle (1). Il doit être sobre et ne doit point prendre ses repas dans l'atelier, et pourrait s'astreindre d'ailleurs à un régime calculé sur les causes d'insalubrité au milieu desquelles il est obligé de vivre. Nous terminerons ce chapitre en indiquant aux doreurs quelques petits perfectionnemens qu'il nous paraît utile d'introduire dans la partie de leur art qui nous occupe maintenant.

Le plat dont ils se servent pour poser l'amalgame doit être sans couverte, et doit être fait avec un mélange d'argile et de ciment, ou de sable assez gros pour que la surface en soit un peu raboteuse. Les ouvriers doreurs

---

(1) J'ai vu un très-petit atelier où cette précaution était prise, et où le doreur retrouvait pour 300 francs d'or par an, en traitant la boue du baquet dans lequel les ouvriers se lavaient les mains après chaque opération.

emploient ordinairement pour cet usage la poterie commune, mise en couverte au moyen des oxides de plomb; mais ces plats émaillés remplissent mal l'intention des doreurs. La couverte n'est détruite qu'après un long emploi, et ce n'est qu'alors que le plat devient commode pour l'usage auquel ils le destinent. Ce vase, ainsi attaqué par l'acide, retient très-bien l'amalgame posée sur sa paroi inclinée; mais cette poterie étant peu cuite et très-perméable, s'imbibe facilement de l'acide nitrique et de la dissolution mercurielle qui s'y versent, et dans lesquels l'ouvrier trempe continuellement la gratte-bosse. Les liqueurs passent à travers, détruisent l'émail extérieur, se répandent sur les tables, rendent les plats très-casuels, causent ainsi des pertes aux doreurs, et, ce qui est pis, contribuent encore à leur entretenir les mains mouillées d'acide et de dissolution de mercure. On obvierait à tous ces inconvéniens en faisant fabriquer exprès des plats ayant la forme évasée et le grain convenable. Ces plats, faits avec un bon mélange de terres, cuits à une température assez élevée pour que le biscuit n'en soit pas perméable, recouverts au dehors seulement d'un émail inattaquable aux acides, comme celui de la porcelaine, réuniraient toutes les qualités desirables et seraient fort utiles aux ouvriers doreurs. Il est à souhaiter que quelques fabricans de porcelaine instruits veuillent bien s'occuper de cette fabrication et leur rendre ce service.

Nous avons vu que l'ouvrier lave la pièce après y avoir appliqué l'amalgame et avant de la passer au feu; mais ce lavage se fait ordinairement mal. On se sert souvent de la même eau plusieurs jours de suite, et j'ai toujours vu qu'on n'attachait pas assez d'importance à cette opération, qui me paraît cependant d'une grande utilité. Lorsque la pièce a reçu l'amalgame, elle est mouillée sur tous les points de dissolution de cuivre provenant de la réaction de la dissolution mercurielle sur le bronze. Si la pièce n'est pas bien lavée à grande eau, et toujours avec de nouvelle eau, la dissolution de cuivre qui reste à la surface se décomposera au feu, déposera sur le bronze l'oxide de cuivre qu'elle contenait, et cet oxide donnera à la dorure une teinte désagréable, et pourra même en empêcher l'adhésion, ou, en se réduisant à l'état métallique, en abaisser le titre. Il faut donc laver avec soin la pièce chargée d'amalgame avant de la porter au feu.

CHAPITRE XI.

De la volatilisation du mercure, en exposant à la chaleur la pièce de bronze couverte d'amalgame.

_____

Lorsque la pièce est bien recouverte d'amalgame, le doreur l'expose sur des charbons allumés, et dont il ménage le degré de chaleur en raison du plus ou moins de volume ou d'épaisseur de la pièce. Il la retourne, l'échauffe peu à peu au point convenable, la retire du feu, la prend au moyen de la pincette à longues branches, appelée *moustache* (*figure* 8, *planche I*), la met dans la main gauche qui est garnie d'un gant de peau épais et matelassé en dessous (*fig.* 9), et la tourne en tout sens en la frottant et la frappant à petits coups avec une brosse à longs poils (*fig.* 10). Il répartit ainsi également la couche d'amalgame.

La pièce remise au feu est traitée de même jusqu'à ce que tout le mercure soit volatilisé; ce qui se reconnaît au bruit que fait une goutte d'eau que l'on jette sur la pièce, et au temps qu'elle met à se vaporiser (1). L'ouvrier a soin de ne volatiliser le mercure que lentement ; il évite ainsi le déchet qu'il éprouverait s'il rendait l'amalgame trop fluide à la surface de la pièce, d'où on l'enleverait alors avec la brosse, et qui pourrait d'ailleurs s'en séparer en décrépitant, si la pièce était portée de suite à une température trop élevée. L'ouvrier doreur examine bien la pièce qu'il a passée au feu, et en répare les inégalités de dorure et les défauts en les chargeant de nouvelle amalgame ; il en recouvre même toute la pièce (2). S'il veut augmenter la force de la dorure, il la repasse au feu et répète l'opération décrite plus haut, jusqu'à ce qu'il ait mis sur la pièce la quan-

---

(1) Pour avoir une bonne idée de cette épreuve, on peut la répéter sur du mercure pur, échauffé jusqu'au 350e degré du thermomètre centigrade. Le mercure commence alors à se réduire en vapeurs, et prend par conséquent à peu près le degré de chaleur que le doreur est obligé de donner à la pièce chargée d'amalgame qu'il passe au feu. En jetant sur ce mercure une goutte d'eau et en examinant ce qui se passe, on sera bientôt au fait de cette opération.

(2) L'ouvrier doreur appelle *buis* l'application de l'amalgame ; il dit faire 1, 2, 3, etc., *buis* sur une pièce, dorer une pièce à 1, 2, 3, 4, etc., *buis*.

tité d'or qui lui a été demandée, ou jusqu'à ce qu'il en trouve la dorure parfaite. La pièce amenée à cet état est lavée et gratte-bossée avec soin au moyen de la gratte-bosse (*fig.* 13) et d'eau acidulée avec du vinaigre. On lave la pièce et on la fait sécher à la *motte*. Si la pièce doit avoir des parties brunies et d'autres mises au mat, on couvre les parties qui doivent être brunies avec un mélange de blanc d'Espagne, de cassonade et de gomme délayée dans de l'eau. Cette opération s'appelle *épargner*. Lorsque le doreur a épargné *les brunis*, il fait sécher la pièce et la porte à un degré de chaleur suffisant pour chasser le peu de mercure qui pourrait encore y rester. Le degré de chaleur qu'il doit donner pour produire cet effet lui est indiqué par la couleur que prend la pièce, et par la teinte noirâtre que la cassonade et la gomme qui commencent à se charbonner donnent à l'*épargne*. L'ouvrier fait ainsi *revenir* sa pièce, la retire du feu, la laisse un peu refroidir et la passe de suite au *mat*. Si la pièce doit être entièrement brunie, on ne la couvre pas d'*épargne* ; on la fait *revenir* comme il vient d'être dit ; on la plonge, lorsqu'elle est encore un peu chaude, dans de l'eau acidulée par l'acide sulfurique. Le doreur lave ensuite la pièce, l'essuie et lui donne *le bruni*. Nous parlerons bientôt en détail de chacun de ces procédés.

L'opération que nous venons de décrire est sans contredit la plus dangereuse de celles que les ouvriers doreurs ont à pratiquer. Lorsque la cheminée d'une forge tire mal, ou, ce qui arrive souvent, lorsqu'il s'y établit un courant descendant, l'atelier devient un tombeau pour les ouvriers qui y travaillent; l'air qu'ils respirent, continuellement chargé d'acide carbonique, d'azote, de mercure, d'oxide de mercure, d'acide nitrique, de gaz nitreux en vapeurs, a bientôt détruit leur santé : les uns sont attaqués d'un tremblement partiel ou général, d'autres sont tourmentés par des coliques souvent accompagnées de douleurs terribles. Affaiblis et souffrans, ils s'éloignent de l'atelier, vont chercher la santé dans les hôpitaux, en sortent avec le souvenir des maux qu'ils ont soufferts, mais sans assez d'argent ou de courage pour changer d'état, et trop ignorans pour chercher un atelier moins dangereux, ou pour perfectionner les procédés et les appareils de celui où ils retournent. L'habitude et le besoin les ramènent ainsi dans le gouffre, où ils puisent de nouveau le germe de la maladie dont ils peuvent encore guérir, mais dont les attaques souvent répétées finissent par causer leur mort ou leur faire souffrir une longue agonie.

On a fait bien des tentatives pour dorer le bronze sans se servir de mercure; mais rien, jusqu'à présent, n'a pu remplacer ce métal. L'emploi de l'amalgame est un moyen si simple, et qui donne des résultats si parfaits, qu'il est même douteux que l'on puisse trouver un meilleur procédé; il faut seulement en perfectionner la manipulation pour en détruire le danger. Le moyen d'arriver complétement à ce but me paraît simple et d'une facile exécution; il faut surtout rendre le tirage de la cheminée de la forge constant et assez fort pour que, dans aucun cas, le mercure en vapeurs et les gaz délétères ne rentrent dans l'atelier. Nous décrirons bientôt les différens appareils à construire pour arriver à ce but.

L'ouvrier doreur qui *passe* les pièces couvertes d'amalgame à la forge, les tient dans sa main gauche, recouverte du gros gant (*fig. 9, planche I*) dont nous avons parlé plus haut; mais ce gant n'est matelassé que du côté du creux de la main. Le dehors est fait en peau mince pour ne gêner que le moins possible le travail de l'ouvrier. Il arrive de-là qu'après quelques heures de travail, le doreur a la main remplie d'une infinité de petits globules de mercure qui s'y sont condensés, et que le gant, au bout de quelques jours de service, ne garantit plus sa santé, et ne sert plus qu'à l'empêcher d'être brûlé par la chaleur de la pièce de bronze fortement chauffée qu'il est obligé de tenir. On pourrait facilement éviter cette cause d'insalubrité en doublant le gant avec de la vessie ou du taffetas ciré; ce moyen éviterait l'introduction du mercure en vapeurs dans l'intérieur du gant, et ne gênerait en rien le travail de l'ouvrier.

Le doreur qui *passe* les pièces couvertes d'amalgame doit alonger les bras sous le manteau de la forge, et ne doit pas ramener en avant les vapeurs mercurielles, ce qu'il fait maintenant, parce qu'il brosse la pièce en retirant la brosse à lui; il doit la brosser en allant de droite à gauche, et de gauche à droite. L'ouvrier doit laisser refroidir les pièces sous le manteau de la forge, afin d'éviter les vapeurs mercurielles qu'elles laissent dégager jusqu'à leur entier refroidissement (1). Il

---

(1) On trouve dans le *Journal de Physique*, tome XX, page 242, octobre 1782, une observation qui prouve combien le mercure se volatilise à une basse température, et combien il faut éviter le contact de ces vapeurs.

Achard, ayant exposé vingt livres de mercure dans une

doit enfin, lorsque son travail est terminé, prendre toutes les mesures de salubrité ordinaires, et qu'indiquerait le seul desir de se tenir proprement.

CHAPITRE XII.

Du bruni, du mat, de la couleur d'or moulu et de la couleur d'or rouge.

Nous avons vu que lorsque la pièce de bronze avait reçu tout l'or que l'on voulait y appliquer, et qu'elle avait été gratte-bossée et chauffée ensuite assez fortement pour en chasser jusqu'aux dernières portions de mercure, on pouvait la finir en la brunissant, en

---

assiette sur le poêle de sa chambre, éprouva, au bout de quelques jours, une salivation abondante. Deux personnes qui n'avaient pas quitté la chambre éprouvèrent le même effet, qui cessa dès qu'on eut pensé à l'attribuer au mercure, et qu'on eut ôté celui qui était sur le poêle. *Achard* estime que ce mercure n'avait pas été chauffé à plus de 18 degrés du thermomètre de *Réaumur*.

la passant au mat, ou en lui donnant la couleur d'or rouge ou celle d'or moulu. Nous allons dire un mot de chacune de ces préparations.

Du bruni.

Le bruni se fait en frottant la pièce avec des brunissoirs d'hématite ou de pierre sanguine (*fig.* 18, *planche I*); il y en a de différentes formes et de différentes grandeurs, etc. L'ouvrier trempe son brunissoir dans de l'eau acidulée avec du vinaigre, et frotte la pièce toujours dans le même sens, en allant et venant, jusqu'à ce qu'elle présente un beau poli et tout l'éclat métallique. Lorsqu'elle est bien *brunie*, l'ouvrier la lave dans de l'eau froide, l'essuie avec un linge fin, et termine l'opération en la faisant sécher lentement sur un grillage (*fig.* 20) posé sur un réchaud chargé de braise allumée (*fig.* 19).

Du mat.

Le mat se donne comme il suit : si la pièce doit avoir des parties *brunies*, on *épargne* ces parties comme nous l'avons dit plus haut; on attache la pièce à l'extrémité d'une tringle de fer (*fig.* 15), en l'y fixant avec du fil de fer; on la fait chauffer assez fortement pour
teindre

teindre en brun l'*épargne*, en caramélisant la cassonade et en brûlant un peu la gomme qui entrent dans cette composition. La pièce dorée prend alors une belle teinte d'or; on la couvre avec un mélange de sel marin, de nitre et d'alun liquéfiés dans la seule eau de cristallisation que ces sels contiennent (1); on reporte la pièce au feu et on la chauffe jus-

---

(1) Ce mélange de substances salines se vend tout préparé aux doreurs et aux bijoutiers. J'en ai plusieurs fois fait l'analyse, et j'ai trouvé pour terme moyen, en nombres ronds, que cette préparation que les doreurs appellent *mat* contenait au cent :

Salpêtre . . . . 40.
Alun . . . . 25.
Sel marin . . . . 35.
                                                                100.

Lorsqu'on soumet ce mélange salin à la distillation, on obtient une liqueur qui dissout bien l'or fin. Le résidu n'est plus entièrement soluble dans l'eau; il reste de l'alumine ou du sulfate d'alumine avec excès de base en suspension, et la dissolution contient du nitre et du sel marin non décomposés. On peut conclure de ceci, que le *mat* agit en dissolvant une partie de l'or sur lequel on l'applique, et qu'il serait possible de rendre ce mélange plus actif en calculant mieux les doses des substances salines qui le composent.

qu'à ce que la couche saline qui la couvre devienne homogène, presque transparente, et entre en véritable fusion; on retire alors la pièce du feu et on la plonge subitement dans de l'eau froide qui en sépare la couche saline, et doit même enlever la couche de blanc d'Espagne sucrée et gommée dont on s'était servi pour *épargner* la pièce (1); on passe alors la pièce dans de l'acide nitrique très-faible; on la lave à grande eau et on la fait sécher en l'exposant soit à l'air, soit sur le réchaud à sécher, ou en l'essuyant légèrement avec des linges propres et secs.

Il se forme et il se dégage dans cette opération des vapeurs qui seraient extrêmement nuisibles à la santé des ouvriers, si elles se répandaient dans la chambre et s'ils étaient obligés de les respirer, comme cela arrive plus ou moins dans presque tous les ateliers de doreurs. Il faut donc avoir soin de bien établir le tirage de la forge et de placer sous le manteau le fourneau particulier, fait en forme

---

(1) Lorsque le *mat* n'est pas d'une teinte égale, ou lorsqu'il est taché, on répare ces défauts en exposant la pièce de nouveau à une chaleur assez forte, en couvrant les taches avec du *mat* clair ou *gros mat*, et en la plongeant de suite dans l'eau froide.

de moufle, où se chauffent tout autour les pièces que l'on met au *mat*; il faut par la même raison y construire le petit fourneau sur lequel on met le poêlon où l'on fait fondre le *mat*, et y placer le tonneau plein d'eau où se plongent les pièces en sortant du feu (1). Nous insisterons d'autant plus sur la nécessité de prendre ces précautions, que l'expérience nous a démontré que les vapeurs qui s'élèvent d'une forge de doreur où l'on met au *mat*, sont bien plus dangereuses qu'on ne le pense. La couleur dont on se sert pour mettre les pièces dorées au *mat* est composée, comme nous l'avons dit, de nitre, de sel marin et d'alun. Ces sels n'agissent qu'en se décomposant; une partie de l'acide qui se dégage attaque l'or, en dissout un peu et donne la couleur de *mat* à l'or qui reste attaché à la pièce de bronze; mais la plus grande partie de l'acide rendu libre est entraînée avec les autres vapeurs dans le tuyau de la cheminée, ou dans l'atelier si la forge tire mal. J'ajouterai que, dans l'opération, une partie de la couleur servant à *mater* coule à la surface de la pièce, tombe sur les charbons ardens et donne encore naissance à de nouvelles va-

---

(1) On voit tous ces objets *planches III et IV*.

peurs acides. Ces vapeurs se combinent, ainsi que les premières, au mercure vaporisé provenant de la décomposition de l'amalgame ou de l'espèce de circulation qui s'établit toujours sur la forge d'un doreur lorsqu'il y a du feu, et qui reporte continuellement dans l'atmosphère le mercure qui tombe sur la forge, en se condensant à quelques pieds au-dessus de son sol.

Les sels mercuriels qui se forment alors sont bien plus dangereux pour la santé des ouvriers que ne l'est le mercure lui-même. Il suffira de dire que le sublimé corrosif en fait partie, pour prouver cette vérité et pour faire sentir toute l'importance des précautions que nous recommandons. En les prenant et en assurant bien le tirage de la cheminée, on évitera complétement les causes d'insalubrité auxquelles l'opération de la mise au *mat* donne lieu.

De la couleur d'or moulu.

Lorsqu'on veut mettre une pièce de bronze dorée en couleur d'*or moulu*, on la gratte-bosse un peu moins que de coutume ; on la fait *revenir* en la chauffant plus fortement que si on voulait la mettre au *mat*, et on la laisse un peu refroidir ; on délaie avec du vinaigre la couleur d'*or moulu* qui est un mélange de sanguine, d'alun et de sel marin. On prend cette composition avec un pinceau, et on en couvre la pièce de bronze dorée, en ayant soin de réserver les *brunis;* on la met sur des charbons allumés, on active un peu le feu au moyen d'un soufflet, et on la laisse chauffer jusqu'à ce que la couleur commence à noircir. La pièce doit être assez chaude pour que l'eau jetée dessus s'y réduise en vapeurs avec bruit. On retire alors la pièce du feu et on la plonge dans l'eau froide; on la lave bien et on égalise la couleur orangée que présente la dorure, en frottant la pièce avec un pinceau imbibé de vinaigre si la pièce est unie, et d'acide nitrique faible si elle est gravée ou chargée de ciselure. Dans les deux cas on lave la pièce à grande eau et on la fait sécher sur un feu doux.

De la couleur d'or rouge.

Lorsqu'on veut donner à la pièce dorée la couleur rouge que présente l'alliage triple d'or, de cuivre et d'argent, employé pour la fabrication des bijoux, on la soumet à l'opération dont voici le détail.

On prend la pièce en sortant de la forge

à *passer*, étant dorée sur *buis* et encore chaude ; on l'attache après un fil de fer ; on la trempe dans la composition connue sous le nom de *cire à dorer*, qui est formée de cire jaune, d'ocre rouge, de vert-de-gris et d'alun ; on la porte sur un feu de charbon de bois bien allumé ; on fait chauffer fortement la pièce, et on favorise l'inflammation du mélange qui la recouvre en jetant quelques gouttes du même mélange sur les charbons ardens ; on la tourne et retourne sur le feu de manière à ce que la flamme soit partout également vive. Lorsque toute la cire de la couleur est brûlée et que la flamme s'éteint, on plonge la pièce dans l'eau, on la lave et on la gratte-bosse avec du vinaigre pur. Si la couleur n'est pas belle et bien égale de teinte (1), on couvre la pièce de vert-de-gris délayé

---

(1) On trouve ici une jolie application de la propriété qu'ont les substances métalliques de se précipiter mutuellement de leurs dissolutions dans les acides. Dans l'opération dont il s'agit, le zinc contenu dans le bronze précipite le cuivre de la couleur, l'or fin s'allie à ce cuivre et prend la teinte que présente l'or des bijoux, qui n'est qu'au titre de 750 millièmes. La réduction de l'oxide de cuivre par la combustion de la cire peut encore être indiquée comme une des causes auxquelles on peut attribuer cet effet.

dans du vinaigre, on la fait sécher sur un feu doux, on la plonge dans l'eau et on la gratte-bosse avec du vinaigre pur, ou même avec un peu d'acide nitrique faible si la teinte que présente la pièce est trop noire. On lave alors la pièce dorée, on la brunit, on la lave, on l'essuie avec un linge fin, et on la fait sécher sur un feu doux. Nous venons de parler des couleurs principales que l'on donne à la dorure; on pourrait en varier les teintes à l'infini, et le commerce sait employer ces moyens en les mettant de mode pour augmenter ses ventes et ses bénéfices. Il est peu de substances qui ne puissent servir à changer la couleur jaune que présente la pièce de bronze dorée lorsqu'elle sort de la forge à *passer* : il suffit pour cela d'attaquer l'or, le cuivre, le zinc, le plomb ou l'étain dont se compose la pièce de bronze dorée.

Tout ce qui peut oxider, dissoudre ou convertir en sels insolubles un ou plusieurs de ces métaux, peut être employé : la seule difficulté est d'arriver constamment à la même teinte avec les bronzes que fournissent les fondeurs, et qui sont presque tous d'alliages différens.

Nous terminerons ce chapitre en recommandant toujours l'emploi des moyens de salubrité déjà indiqués, et que nous venons de rappeler en parlant de la mise au *mat* des pièces de bronze dorées.

CHAPITRE XIII.

Du ramonage des cheminées de doreurs.

Le ramonage des cheminées de doreurs étant une suite naturelle des opérations de cet art, et donnant d'ailleurs naissance à des accidens très-graves, j'ai cru devoir examiner cette opération avec soin, rechercher les causes d'insalubrité qu'elle présente, et proposer les moyens d'y remédier.

Les maladies qui attaquent les ouvriers doreurs prenant naissance dans les procédés de l'état qu'il professent, sont prévues par eux, et le public même s'étonnerait plutôt de voir un doreur âgé conserver ses forces et ses facultés, que de le voir trembler de tous ses membres et traîner misérablement les restes de son existence.

On souffre en voyant un ouvrier doreur accablé sous le poids de ses maux; mais on est révolté lorsqu'on voit un pauvre ramoneur amené dans les hôpitaux pour y chercher la santé qu'il vient de perdre en quelques heures par suite de l'ignorance où il est du danger, et souvent par supercherie de la part du doreur qui l'emploie.

Le nombre de ces malheureux est plus grand qu'on ne pense. Le relevé des malades traités comme ouvriers doreurs dans les hôpitaux de Paris pendant l'année 1816 et les dix premiers mois de 1817, n'a donné que peu de lumières à cet égard. La cause de l'entrée à l'hôpital de chaque ramoneur malade n'a point été assez spécifiée, comme on le voit dans la liasse n° 1 des pièces à l'appui de ce Mémoire; mais il faut ajouter au seul exemple que présentent ces tableaux, le nombre probablement plus grand des ramoneurs traités à domicile par les bureaux de bienfaisance, de ceux que les doreurs font traiter à leurs dépens, après les avoir rendus malades, et de ceux enfin qui, n'étant que faiblement attaqués, se guérissent naturellement en quelques jours. On sent donc qu'il est important d'engager à surveiller le ramonage des cheminées de doreurs, et de donner les moyens de détruire l'insalubrité qui naît de cette opération.

Les ramoneurs qui connaissent le danger ne consentent à se charger de ces ramonages qu'en se faisant chèrement payer : ils exigent ordinairement 40 et 50 fois le prix du ramonage ordinaire. Les doreurs chez lesquels l'intérêt fait taire l'humanité, choisissent de jeunes ramoneurs, ne les préviennent pas du danger, et les renvoient avec un léger salaire et avec tous les germes de la maladie qui va peut-être les conduire au tombeau. D'autres doreurs moins inhumains, mais peu instruits, préviennent le ramoneur, mais ne lui indiquent pas toutes les précautions à prendre pour éviter le danger, et donnent ainsi lieu, sans le vouloir, aux mêmes accidens. J'ai examiné la chose avec soin. Voici le résultat du travail entrepris à ce sujet :

J'ai choisi un jeune ramoneur de quatorze à quinze ans. Connaissant l'opération pour laquelle je l'appelais, je lui ai fait mettre des gants, je lui ai couvert la tête avec un serre-tête de toile, j'ai attaché avec un fil plusieurs morceaux d'or pur autour de sa bouche, et je lui ai entouré la tête et le visage avec deux serviettes mouillées, et posées assez lâches pour ne pas gêner la respiration : je lui ai fait ramoner une cheminée ayant environ 12 mètres de hauteur et qui avait beaucoup servi sans être nettoyée depuis trois ans (1). L'opération terminée, le ramoneur est sorti de la cheminée tout couvert de suie chargée de mercure. Les serviettes en étaient toutes colorées et même pénétrées; tous ses vêtemens blanchissaient l'or qu'on y appliquait : néanmoins l'or fin que le ramoneur avait sur la bouche, et qui touchait à ses dents, n'était nullement blanchi.

J'ai bien fait nettoyer et laver le ramoneur; je lui fis donner du lait qu'il demandait; je lui donnai de l'argent pour aller prendre un bain, et je lui recommandai de me faire savoir s'il ressentait le moindre mal ; mais je n'en ai plus eu de nouvelles (2).

___

(1) J'ait fait prendre à ce ramoneur des échantillons de la suie à différentes hauteurs de la cheminée. Les échantillons ont été enfermés dans des boîtes étiquetées. Nous les examinerons en traitant de l'exploitation des déchets de doreurs.

(2) J'étais bien rassuré sur la santé du ramoneur, parce que j'étais certain qu'il n'avait pas respiré de suie chargée de mercure; mais j'ai regretté long-temps de l'avoir laissé partir avec ses habits chargés de suie, et j'ai craint que cette suie n'agît sur sa peau à la manière des onguens mercuriels. C'est ce qui m'a déterminé à indiquer la précaution dont il va être parlé plus bas.

La veille du jour et le jour même où je fis cette opération, il fit un brouillard épais. La cheminée que je fis ramoner était exposée à l'air de tous côtés, par suite de la démolition de la maison dont elle faisait partie ; la suie était mouillée au point de se mettre en pâte. Cette circonstance, que le hasard présenta, contribua sans doute à écarter tout danger, et me donna l'idée de me servir de cette observation pour perfectionner le ramonage des cheminées de doreurs. Voici les moyens de salubrité que je propose, et dont l'autorité devrait, ce me semble, rendre l'emploi obligatoire.

Tout doreur devrait avoir chez lui une veste ronde, un pantalon à pieds, des gants et un capuchon, le tout fait en toile épaisse, mais d'un tissu très-serré. Lorsqu'un doreur voudra faire ramoner sa cheminée, il devra y faire passer de l'eau en vapeurs pendant quelques heures, la veille du ramonage (1);

---

(1) Il y réussira facilement, en mettant sous le manteau de la cheminée des briques, des cailloux ou du fer chauffés au rouge, et en jetant dessus de l'eau bouillante. Des charbons allumés, apportés sous le manteau de la cheminée, et de suite éteints avec l'eau bouillante, produiront le même effet ; il faut seulement ne pas allu-

il choisira un ramoneur d'une bonne constitution, sachant bien son métier, lui ôtera ses habits et le couvrira des habits de toile dont nous venons de parler, en lui mettant sur la bouche, par excès de précaution, une éponge mouillée et liée avec un ruban autour de sa tête. Ainsi couvert et garanti, le ramoneur sera sans inquiétude et ramonera mieux la cheminée. Lorsque son ouvrage sera fini, on lui ôtera son enveloppe de toile, on le lavera bien, on lui fera remettre ses habits, et on lui donnera à manger en lui faisant boire du lait s'il en desire.

Le doreur fera laver de suite, à grande eau, l'habillement complet de toile qu'aura quitté le ramoneur; il l'enverra ensuite à la lessive et le gardera pour une nouvelle opération (1).

---

mer de feu sous le manteau de la cheminée, ce qui établirait un courant d'air chaud contraire au but qu'on se propose; en un mot, il faut imiter l'effet du brouillard qui a donné un résultat parfait.

(1) On pourrait rendre cette toile imperméable en la trempant dans une dissolution d'alun, et ensuite dans une dissolution de savon; mais elle le deviendra probablement au premier blanchissage, comme cela arrive aux linges portés par les malades que l'on traite avec les pommades mercurielles.

On a proposé, à différentes époques, quelques autres moyens pour ramoner sans danger les cheminées des ateliers insalubres. On vient encore de publier récemment dans le *Bulletin de la Société d'encouragement*, 17e année, février 1818, page 32, la description et le dessin d'une brosse et d'un appareil pouvant servir à cet usage.

Si ces moyens de salubrité sont adoptés, les doreurs paieront moins cher le ramonage de leur cheminée, en retireront plus de suie, et n'auront plus le chagrin d'être la cause directe des maladies et même de la mort des ramoneurs qu'ils emploient.

CHAPITRE XIV.

Des procédés à suivre pour enlever l'or à la surface des vieux bronzes dorés, ou des pièces dorées mises au rebut.

L'ouvrier doreur recevant quelquefois, dans le commerce, de mauvais alliages qui prennent mal la dorure, ou qui présentent, pendant l'opération, des défauts trop difficiles à réparer, trouve de l'économie à ne pas les terminer, et à les vendre à des ouvriers qui en séparent l'or qui y avait été appliqué.

Ces objets se paient mal. Le doreur perd presque tout l'or qu'il a mis sur la pièce, et éprouve ainsi un déchet assez considérable pour que j'aie cru utile de le lui éviter. Les procédés qui suivent le mettront d'ailleurs à portée d'entreprendre l'exploitation des vieux bronzes dorés; branche d'industrie qui se lie parfaitement avec celle qu'il pratique.

On emploie ordinairement, pour dédorer les vieux bronzes, le soufre mélangé avec le sel ammoniac, le nitre ou le borax. Ces mélanges se font à toutes doses, et les recettes publiées varient entre elles à l'infini.

On délaie ordinairement le mélange de soufre, de sel ammoniac, etc., dans de l'eau ou dans du vinaigre; on en couvre la pièce de bronze dorée, on la fait sécher et on y remet une seconde couche du même mélange. Lorsque le tout est sec, on fait légèrement rougir la pièce, on la plonge dans de l'eau acidulée avec de l'acide sulfurique, on l'y laisse tremper quelques heures, on en fait tomber les écailles en la frappant et râclant en tout sens, et on la gratte-bosse avec soin au-dessus d'une grande terrine pleine d'eau; on fond les écailles avec du nitre et du borax pour en retirer l'or, ou on les traite par la coupellation. Quelques ouvriers emploient deux parties de sel ammoniac contre une de soufre, sans faire usage de nitre ni de borax; d'autres, au contraire, mettent 2, 4, 6 parties de soufre contre une de sel ammoniac. J'ai vu réussir assez bien en employant ces deux derniers mélanges.

Ayant été chargé en 1814, avec M. Dussaussoy, de dédorer pour le Gouvernement 1200 kilogrammes de bronze doré, j'ai été à même de bien étudier cette opération. Voici le résultat des observations que j'ai pu faire :

Lorsque l'alliage employé par le doreur est de bonne qualité, que sa densité est convenable, et qu'il ne présente ni soufflures, ni vents, ni gerçures, l'or qu'on y applique reste à la surface, ou ne pénètre que bien peu avant dans le bronze; il n'y a pour ainsi dire que simple adhésion entre les deux métaux.

Lorsqu'on traite une pièce de bronze dorée par l'acide nitrique faible, on parvient facilement à dissoudre tout le bronze et à ne laisser que la feuille d'or qui conserve la forme de l'objet qu'elle recouvrait. Cette feuille, mise
entre

entre la lumière et l'œil, paraît colorée en vert et est criblée de mille trous. Vue au micoscope, la surface qui touchait au cuivre ne paraît que peu raboteuse, tandis qu'elle le serait beaucoup s'il y avait une forte pénétration de l'or dans les pores du bronze lors de l'application de l'amalgame. On en voit un échantillon dans la boîte n° 6, jointe à ce Mémoire.

Le moyen que nous venons d'indiquer peut, dans certains cas où l'on a besoin de dissolution de cuivre dans l'acide nitrique, servir à enlever l'or de la surface des vieux bronzes dorés ; mais nous ne le citons ici que comme expérience, dont le résultat nous indique la marche que nous avons à suivre pour arriver à un procédé bien manufacturier.

Il faut enlever la feuille d'or sans attaquer le bronze, ou au moins en ne l'attaquant que juste ce qu'il faut pour détruire l'adhésion au point de contact des deux métaux. J'ai essayé avec succès l'oxidation du bronze à la chaleur rouge-cerise, et ce procédé simple m'a complétement réussi.

Il suffit d'exposer pendant quelques heures la pièce que l'on veut dédorer à la température rouge-cerise, dans un courant d'air neuf ou peu décomposé, comme cela existe dans une moufle, dans un four à poterie, dans un tuyau de fonte ouvert par les deux bouts et chauffé tout autour, sur une plaque de fonte chauffée en dessous, ou enfin sur une couche de charbon de bois ou de coak allumé en plein air ou sous le manteau de la forge de doreur.

Lorsqu'on juge l'oxidation assez avancée, on retire la pièce et on la plonge dans l'eau acidulée avec de l'acide sulfurique : il s'en détache une couche générale, d'égale épaisseur, et qui contient, si l'opération a été bien faite, tout l'or qui se trouvait sur la pièce de bronze.

On laisse tremper la pièce pendant quelques heures dans l'acide sulfurique faible, et on la gratte-bosse dans de l'eau. Si toute la surface n'était pas bien décapée, et qu'il y restât quelques parties de la couche oxidée, il faudrait faire légèrement rougir la pièce, la plonger dans l'acide sulfurique faible, et répéter cette opération jusqu'à ce que le métal soit partout mis à nu. La pièce de bronze ainsi traitée est souvent si peu déformée, qu'elle peut être portée sur le tour, ou réparée par le ciseleur, et être ensuite mise en couleur ou au vert antique pour être vendue comme objet commun.

Le métal-oxidé qui se trouve au fond du vase où l'on a plongé le bronze chauffé au rouge, et où on l'a gratte-bossé, étant lavé et séché, peut être fondu avec du nitre et du borax pour en retirer l'or. On peut aussi le traiter par le sulfure de plomb, comme nous le dirons en parlant de l'exploitation des vieilles gratte-bosses à dorer. On peut enfin en séparer l'or au moyen de la coupellation, ou en se servant des acides nitrique et sulfurique. Dans le procédé ordinaire, la pièce de bronze dorée, couverte du mélange de soufre et de sel ammoniac, est portée lentement à la température rouge-cerise. Le soufre fond, s'enflamme et brûle à la surface de la pièce; le cuivre se combine au soufre, et la couche de métal sulfuré, moins dilatable que le bronze, s'en détache par le prompt refroidissement de la pièce, ou par son immersion dans l'eau ou dans l'acide sulfurique faible.

Cette opération présente quelques inconvéniens qui naissent du procédé et de la nature du bronze. Le zinc, qui forme du cinquième au quart, et même quelquefois au tiers de cet alliage, ne se combine que difficilement au soufre, et le cuivre même n'est sulfuré que lentement à la température à laquelle on opère ; car le soufre est brûlé presque complétement avant que la pièce de bronze soit portée à la chaleur rouge-cerise. J'ai changé, d'après ces considérations, le mode d'emploi du soufre, et je propose de s'en servir pour dédorer le bronze de la manière suivante.

Je fais légèrement rougir la pièce; je la saupoudre de soufre seul, réduit en poudre, ou je la trempe, étant rouge, dans une grande masse de soufre en poudre fine; la pièce est reportée sur un feu léger; le soufre brûle: on laisse rougir la pièce et on la recouvre de nouveau, étant rouge, avec du soufre en poudre; on réitère cette opération jusqu'à ce que la couche sulfurée soit assez épaisse; on jette la pièce de bronze dans de l'eau acidulée avec de l'acide sulfurique, et on termine l'opération comme il a été dit plus haut.

Le second procédé que j'indique est plus expéditif que le premier, mais il attaque moins également la pièce de bronze et la déforme davantage. Du reste, ces deux procédés donnent, quant à l'or, absolument les mêmes résultats, et peuvent être suivis selon la localité où on se trouve, et suivant la forme et la grandeur des pièces que l'on veut dédorer.

On voit que, dans cette opération, l'ouvrier a à se garantir des vapeurs et des gaz nuisibles auxquels la combustion du soufre, du charbon et la volatilisation d'une portion de zinc et de cuivre peuvent donner lieu. Il doit donc opérer sous la forge, en y activant le courant d'air, et doit en outre faire usage de tous les moyens de salubrité que nous avons déjà tant de fois recommandés.

CHAPITRE XV.

De l'exploitation des cendres et déchets d'ateliers provenant du travail de la dorure sur bronze au moyen du mercure.

L'ouvrier doreur, appliquant l'amalgame sur le bronze avec la gratte-bosse, dont les fils métalliques ont une grande élasticité, posant la pièce à nu sur des charbons allumés, la frottant continuellement en tout sens avec une brosse en crin, pour étendre également l'amalgame, la gratte-bossant et la mettant en couleur, etc., donne lieu à des déchets considérables.

On estime qu'il ne se trouve sur les pièces

dorées que $\frac{2}{7}$ de l'or amalgamé qui a été étendu sur leur surface (1). On voit donc combien il est utile d'enseigner aux doreurs les procédés à suivre pour retrouver l'or qui, étant disséminé dans les déchets d'ateliers, est encore maintenant presque perdu pour eux.

Il y a peu d'années que les doreurs jettaient une grande partie de leurs déchets; ils en perdent encore quelques-uns et vendent les autres à vil prix, ou au moins fort au-dessous de ce qu'ils valent. Nous allons étudier la nature de ces déchets, et mettre les doreurs en état de les traiter eux-mêmes, ou au moins d'exiger des personnes qui les achètent, des prix raisonnables de ces matières aurifères.

Les déchets que les doreurs peuvent recueillir séparément, sont les eaux du dérochage, les eaux blanches, les cendres de la forge à *passer*, les brossures du plateau, les

---

(1) M. Houard, qui a fait des expériences répétées pour vérifier ce fait, m'a écrit qu'il regardait comme certain que des pièces de bronze dorées avec de l'amalgame contenant 8 grammes d'or fin, ne donnent que 5 grammes 917 d'or, et que par conséquent 2 gram. 083 d'or restent dans les déchets : ces déchets rassemblés et traités lui ont donné 1 gramme 750 d'or, ce qui a réduit le déchet réel à 0 gramme 333, ou environ à $\frac{1}{24}$ de l'or employé.

cendres du fourneau à mettre au mat, le fond du baquet à mettre au mat, la boue du baquet à gratte-bosser, les vieilles gratte-bosses, la suie de la cheminée, et enfin les balayures, les ordures et les eaux de lavage, etc., qui se recueillent dans l'atelier. Nous allons examiner séparément chacun de ces déchets, et indiquer le meilleur procédé à suivre pour en retirer l'or et le mercure.

§. Ier. *Des eaux du dérochage.*

Les eaux du dérochage sont acides; elles contiennent du cuivre, du fer et du zinc en dissolution. Lorsqu'elles servent depuis long-temps, le zinc s'y accumulant à mesure que l'on y trempe des pièces de bronze recuites, en précipite le cuivre, qui se trouve alors en poudre rouge autour des douves et au fond du baquet à dérocher : le fer de la pincette, dont on se sert pour y porter et pour en ôter les pièces de bronze, contribue encore à produire cet effet.

On peut exploiter ces eaux de différentes manières, selon la nature de l'acide employé pour préparer l'eau seconde. Si l'on a employé l'acide sulfurique, on peut en précipiter tout le cuivre au moyen de lames de zinc, et préparer du sulfate de zinc avec la liqueur; on peut encore précipiter tout le cuivre en y mettant tremper de la ferraille.

Si l'eau seconde a été préparée avec l'acide nitrique, on peut en précipiter tout le cuivre, comme nous venons de le dire, soit par le fer, soit par le zinc. Dans les deux cas il faut ensuite décomposer, par l'acide sulfurique, les nitrates de fer ou de zinc que l'on a formés, pour les convertir en produits vendables.

De quelque manière que l'eau seconde ait été formée et décomposée, le cuivre que l'on obtient doit être lavé à grande eau, séché promptement et vendu aux fondeurs en cuivre, ou fondu à une forte chaleur, en le couvrant de quelques morceaux de charbon, et coulé en lingots.

Si on traite les vieilles gratte-bosses à dorer par le moyen des acides sulfurique ou nitrique, comme nous le dirons à la fin de ce chapitre, on pourra encore mêler les eaux du baquet à dérocher aux dissolutions de cuivre provenant du traitement de ces gratte-bosses, et exploiter le tout ensemble.

§. II. *Des eaux blanches.*

Les eaux blanches proviennent des égouttures et du lavage de la table sur laquelle les ouvriers font l'application de l'amalgame sur le bronze, au moyen de l'eau-forte ou de la dissolution mercurielle. Ces eaux sont acides; elles contiennent du mercure et du cuivre en dissolution : il s'y trouve des ordures de toute espèce, des brins de brosse, des débris de tannée, des fils de gratte-bosse, de l'amalgame d'or qui a échappé aux ouvriers, et qui est tombée sur la table, etc. Elles sont chargées de sels mercuriels insolubles, qu'elles tiennent en suspension; ces sels proviennent de la saturation de la dissolution mercurielle par le bronze ou par le mercure de l'amalgame, et surtout de la décomposition de la dissolution mercurielle par le moyen des sels alcalins ou terreux contenus dans l'eau dont on se sert pour laver la table, les outils et les pièces de bronze recouvertes d'amalgame, etc.

Le traitement des eaux blanches est fort simple. On commence par les agiter et les décanter; on lave l'amalgame que l'on retrouve au fond du pot, on la fait sécher, on y ajoute du mercure pour la rendre fluide; on la fait alors passer à travers un tamis de crin pour en séparer les fils de gratte-bosse, etc., qui s'y trouvent; on passe cette amalgame liquide à la peau de chamois, et on emploie l'amalgame solide qui reste dans la peau, comme amalgame neuve, et le mercure qui a passé à travers la peau sert à préparer de nouvelle amalgame (1). On met ensuite tremper dans l'*eau blanche*, qui a été décantée, des plaques de cuivre qui en précipitent le mercure. Lorsqu'elles ne contiennent plus de ce métal en dissolution, ce dont on peut s'assurer en y plongeant une lame de cuivre rouge bien décapée, qui ne doit pas devenir blanche, ou en y versant une dissolution de sel de cuisine, qui ne doit pas y faire de précipité, on fait filtrer toutes les eaux, on les jette; on met sur le filtre le dépôt qui se trouve au fond du vase, on le lave et on le fait sécher à l'air. Ce dépôt, distillé dans une cornue de fonte,

---

(1) M. Houard m'a dit que le mercure passé à la peau de chamois, et ainsi séparé de l'amalgame, contenait de 22 grammes à 127 grammes d'or par 100 kilogrammes, selon la bonté de la peau employée.

32 grammes de mercure séparé des brossures du plateau, et passé deux fois à travers une peau de chamois neuve, m'ont donné $\frac{}{}$ gramme 029 d'or fin, ou environ $\frac{1}{1000}$ du poids du mercure.

L'or que l'on obtient en traitant ce mercure par l'acide nitrique est parfaitement cristallisé.

donne le mercure qui s'y trouve (1), et le résidu qui reste au fond de la cornue, fondu avec du nitre et un peu de borax, donne l'or que contenaient le peu d'amalgame échappé au lavage et les fils de gratte-bosse pénétrés d'amalgame qui ont été entraînés dans le pot où se rendent les eaux blanches. Lorsque ces résidus seront trop pauvres, ce que l'on reconnaîtra en en faisant l'essai sur une petite partie, on les réunira aux cendres de la forge (lorsqu'elles ne contiendront pas assez d'or pour être traitées à part) et aux balayures de l'atelier pour exploiter le tout ensemble, comme il sera dit plus bas.

§. III. *Des cendres de la forge à passer.*

Si les cendres de la forge à *passer* sont assez riches pour être traitées à part, on peut le faire des deux manières suivantes.

On les tamise pour en séparer les ordures, les charbons, etc.; on les lave pour en retirer l'amalgame, les débris métalliques qui ont passé au tamis, et quelques grenailles d'or, s'il y en a; on fait *tourner au mercure* la cen-

___

(1) J'ai retiré jusqu'à 15 grammes de mercure par 100 grammes de ce dépôt.

dre lavée, et on a une amalgame qui, étant distillée dans une cornue de fonte, y laisse l'or que contenaient les cendres de la forge à *passer*. Ces mêmes cendres, sortant des moulins du *laveur*, se vendent aux propriétaires de mines de plomb, qui les traitent encore avec avantage.

Si les cendres de la forge à *passer* étaient fort riches, on pourrait commencer par les tamiser et les laver, comme nous venons de le dire, pour en séparer les grenailles métalliques et l'amalgame. On traitera ensuite les cendres (après les avoir fait sécher) en les fondant avec de la litharge et un peu de résine dans un bon creuset huilé en dedans (1). Le

---

(1) Nous allons donner ici, pour n'y plus revenir, quelques détails sur la préparation du flux à employer pour fondre les *déchets* de doreur qui contiennent des cendres ou d'autres substances terreuses. Ce flux doit se composer de litharge et de résine. Il faut employer assez de litharge pour vitrifier aisément les substances terreuses, et pour donner en outre, au moyen de la résine, assez de plomb métallique pour bien dissoudre tout l'or contenu dans le *déchet* que l'on veut exploiter, et pour bien former un culot au fond du creuset. On voit donc qu'il faut augmenter la dose de résine, si le *déchet* contient peu de substances terreuses, et que l'on doit au contraire la diminuer, si l'on a beaucoup de terre à vi-

culot que l'on obtiendra, passé à la coupelle, donnera l'or qui était contenu dans ces cendres. Si ces cendres sont au contraire trop pauvres pour pouvoir être traitées à part, on doit les réunir aux balayures d'atelier, pour exploiter le tout comme nous l'indiquerons plus bas.

Les cendres de la forge à *passer* contiennent des quantités d'or très-variables : elles sont pauvres lorsque l'ouvrier a bien travaillé, et qu'il a employé de l'amalgame d'une

---

trifier. Voici les proportions trouvées convenables pour traiter les cendres de la forge à passer, par M Genneau, au laboratoire des essais à la Monnaie. On emploie 100 grammes de litharge, 2 grammes de résine et 10 grammes de cendres. On met bien le tout en poudre et on fait fondre dans un creuset huilé. Lorsqu'il ne s'agit que de faire des essais de *déchets* aurifères, on doit employer, au lieu de litharge, la céruse de Clichy, qui, ne contenant pas d'argent, donne sans peine des résultats exacts. On peut alors fondre ensemble 20 grammes de céruse de Clichy, 1 gramme de la substance que l'on veut essayer, et 2 décigrammes de résine. La fonte se fait sans boursoufflement et en moins de dix minutes. On peut se servir avec avantage, pour faire ces fontes et pour passer à la coupelle les culots que l'on obtient, du petit fourneau à coupelle dont nous avons publié, M. Aufrye et moi, la description en 1813. Ce petit ouvrage se vend à Paris, chez Magimel, libraire, rue Dauphine, n° 9.

consistance convenable; elles sont au contraire très-riches en or dans les ateliers où l'on fait usage d'amalgame trop liquide, et où l'on chauffe trop fortement et trop brusquement les pièces de bronzes dorés : elles contiennent toujours, en outre, plus ou moins de mercure, mais rarement assez pour valoir la peine d'être soumises à la distillation.

Nous terminerons ce chapitre en citant les résultats de quelques essais faits sur les cendres de la forge à *passer*. M. de Tingry, en traitant ces cendres par le moyen du mercure, en a retiré 0 gramme 488 d'or par kilogramme. M. Genneau en a essayé qui rendaient par kilogramme jusqu'à 1 gramme 250 d'or fin; mais M. Houard m'a assuré que ces cendres, lavées et séchées, ne donnaient ordinairement que 2 grammes d'or par 100 kilogrammes. On voit que ces résultats sont très-dissemblables, et que chaque doreur doit par conséquent essayer ou faire essayer les cendres de la forge à passer, après les avoir lavées et avant de les vendre aux fondeurs de cendres d'orfévres, qui se chargent ordinairement de les exploiter.

§. IV. *Des brossures du plateau.*

On rassemble avec soin les brossures du

plateau, qui ne sont qu'un mélange d'amalgame, de cendres et de poussière, avec quelques débris de charbon, de crins de la brosse, etc. On les met dans une grande terrine ; on les délaie dans de l'eau, et on y ajoute peu à peu de l'acide nitrique à 36°. Il se produit une grande effervescence qui pourrait faire passer la liqueur par-dessus les bords de la terrine, si on mettait trop d'acide à la fois. A chaque addition d'acide on remue bien le mélange ; on continue à ajouter de l'acide tant qu'il se produit de l'effervescence, et jusqu'à ce que la liqueur, agitée pendant quelques instans, reste sensiblement acide. La partie calcaire des brossures est alors complétement dissoute, ainsi qu'une partie des métaux oxidés qui s'y trouvaient mélangés. Les corps étrangers, tels que le charbon, les crins, etc., viennent facilement nager à la surface de la liqueur, qui a acquis une assez grande densité. L'amalgame se réunit en une seule masse au fond de la terrine ; on décante la liqueur, on lave l'amalgame à grande eau, on la fait sécher, on la passe à travers une peau de chamois, et on la traite par un des procédés que nous allons indiquer. Les ordures séparées de la liqueur, ou provenant du lavage de l'amalgame, doivent se réunir aux balayures de l'atelier. Quant à la liqueur tirée à clair ou filtrée, on la jette maintenant ; mais elle pourrait être réunie avec avantage aux eaux blanches, et traitée en même temps que ce déchet.

L'amalgame qui s'est rassemblée au fond de la terrine où l'on a traité les brossures du plateau, contient beaucoup plus de mercure que celle que l'on applique sur le bronze. Cette plus grande fluidité doit être attribuée au mercure de la dissolution mercurielle qui en est précipité par le bronze, et qui se réunit à l'amalgame qu'on applique sur la pièce. Il se peut encore qu'en passant à la forge la pièce couverte d'amalgame, l'or se fixe au bronze et abandonne le mercure, qui est alors jeté sur le plateau par l'action de la brosse. Quelques doreurs ajoutent de l'or à cette amalgame fluide, et l'emploient pour dorer en *premier buis*, ou s'en servent tel qu'ils l'obtiennent pour dorer les pièces qui ne doivent l'être que légèrement ; mais les bons ouvriers refusent d'employer ces moyens, et passent, comme nous l'avons dit, cette amalgame à la peau de chamois. Ils emploient le mercure pour dissoudre de nouvel or, et distillent l'amalgame solide restée sur la peau de chamois pour en séparer le mercure et en retirer l'or qu'ils fondent en lingot et qu'ils vendent.

J'ai pensé que l'on pourrait éviter aux doreurs la perte de temps et d'argent que leur occasionne cette dernière manière de traiter l'amalgame retirée des brossures du plateau, et cela sans influer en mal sur les résultats de leurs opérations.

L'or que l'on obtient en traitant l'amalgame dont nous parlons est toujours à bas titre ; il se trouve allié à du cuivre qui rend l'emploi direct de cette amalgame aussi mauvais que difficile : il faut donc trouver le moyen de dissoudre ce cuivre sans attaquer le mercure et l'or qui, restant unis, forment alors une combinaison aussi bonne que celle qui est préparée avec des métaux purs : voici la manière d'arriver à ce but.

On prend l'amalgame fluide qui se trouve au fond de la terrine où ont été traitées les brossures du plateau; on y ajoute du mercure pour la rendre bien liquide; on la passe à travers un tamis de crin, et on la met dans un ballon de verre à fond plat; on verse dessus de l'acide nitrique pur à 36°, étendu de moitié d'eau distillée, et on fait bouillir le mélange en mettant le ballon sur un bain de sable ordinaire : l'acide attaque le mercure de l'amalgame, mais le cuivre précipite de suite ce mercure et entre en dissolution à sa place. On essaie de temps en temps la liqueur, et dès qu'on y trouve du mercure en dissolution, malgré une ébullition soutenue, on est assuré qu'il ne reste plus de cuivre dans l'amalgame; on décante alors la dissolution, on lave l'amalgame à grande eau, on la fait sécher et on la passe à la peau de chamois, afin de lui donner la solidité nécessaire pour être appliquée avec avantage sur les pièces de bronze que l'on veut dorer. Ce procédé m'a très-bien réussi; j'en conseille l'emploi, qui me paraît avantageux, puisqu'il donne aux doreurs le moyen de tirer parti de l'or à bas titre, qu'ils sont obligés maintenant d'échanger contre de l'or pur.

L'or que l'on obtient de la distillation de l'amalgame provenant des brossures du plateau ne se trouve au plus qu'au titre de 960 millièmes; mais en traitant cette amalgame comme je viens de le dire, on ramène aisément cet or au titre de 976 et 983 millièmes, et on le rend ainsi aussi bon pour la dorure, que le sont les ducats employés assez généralement par les ouvriers doreurs dans les pays où cette monnaie a cours.

Je terminerai ce qui a rapport à l'exploitation des brossures du plateau, en citant le résultat du seul essai que j'ai eu occasion de faire sur cette espèce de déchet. J'ai traité à la fois 1 kilog. 637 grammes de brossures du plateau; j'ai eu 65 grammes d'ordures lavées et séchées. L'amalgame bien lavée et séchée pesait 969 grammes; étant passée à la peau de chamois, on en a séparé 665 grammes de mercure, et on a eu 301 grammes d'amalgame solide qui, étant distillée dans une cornue de fonte, a donné un culot d'or pesant 70 grammes, et qui était au titre de 960 millièmes.

§. V. *Des cendres du fourneau à mettre au mat.*

Les cendres du fourneau où la pièce dorée se met au *mat*, contiennent ordinairement de l'or qui y a été entraîné par le mélange d'alun, de sel marin et de nitre, dont on se sert pour cette opération; ce mélange salin, appliqué sur la pièce et fondu à sa surface, dissout de l'or, coule en partie le long de la pièce et tombe dans le feu, où la haute température qui y existe et la potasse des cendres décomposent ces substances salines. Les cendres du fourneau à mettre au *mat* sont fortement alcalines; elles ne contiennent pas d'or à l'état salin et soluble dans l'eau. Ces cendres doivent donc être exploitées absolument comme celles de la forge à *passer*, c'est-à-dire, mêlées aux balayures de l'atelier si elles sont trop pauvres, et tournées au mercure et fondues avec la litharge et $\frac{1}{111}$ de résine si leur richesse permet de les traiter ainsi avec avantage.

§. VI. *De la liqueur et du dépôt que contient le tonneau à mettre au* mat.

L'eau que contient le tonneau où se plongent les pièces que l'on met au *mat* est légèrement acide; elle marque 5 à 6 degrés à l'aréomètre de Baumé, et contient du sel marin, du nitre et un peu d'alun : il ne s'y trouve pas ordinairement d'or en dissolution, mais le dépôt qui se forme au fond du tonneau contient l'or que le *mat* a enlevé de la surface des pièces dorées. Cet or se trouve oxidé et très-divisé; il teint en violet le dépôt blanc qui y est mêlé, et qui est composé de la substance terreuse qui a servi à *épargner* les pièces que l'on a passées au *mat*, et de l'alun avec excès de base, ainsi que du plâtre (1) qui se sont formés

---

(1) Le plâtre qui se trouve en gros cristaux au fond du baquet au *mat* s'y forme de trois manières : 1° à la haute

pendant l'opération. Voici les procédés qui m'ont le mieux réussi, et que je conseille d'employer pour exploiter ces déchets.

Première méthode.

On peut traiter l'eau et le dépôt qui se trouvent dans le baquet au *mat* en suivant le procédé que voici : si la liqueur contient de l'or en dissolution, on doit l'en précipiter en y ajoutant de la couperose verte en assez grande quantité; on laisse reposer le tout pendant quelques jours; on essaie la liqueur avec de la dissolution de couperose; si elle ne se teint pas en violet verdâtre ou en brun, on est assuré que tout l'or en est séparé; on soutire alors avec soin les eaux de dessus le dépôt et on jette ces eaux, à moins qu'on ne puisse les vendre à des salpêtriers ou à des fabricans d'alun, auxquels elles conviennent également.

---

température où sont portées les pièces dorées lorsqu'on les plonge dans le baquet, par la réaction de la craie de l'*épargne* sur l'alun du *mat*; 2° par la décomposition de l'alun par les sels à base de chaux, qui se forment au moyen de l'acide nitrique et de l'acide muriatique provenant de la décomposition du *mat*; 3° par la combinaison directe de l'acide sulfurique du dérochage avec la craie de l'*épargne*.

On lave le dépôt à grande eau, sans entraîner l'or; on le met sur un filtre ou dans un plat, on le fait sécher, on le fond, comme je l'ai dit plus haut, soit avec de la litharge et $\frac{1}{100}$ de résine, soit avec du salpêtre et du borax, ou enfin en le mélangeant avec de la litharge, $\frac{1}{100}$ de résine et deux parties $\frac{1}{2}$ à trois parties de flux blanc. Cette fonte est assez difficile par rapport à la grande quantité de craie, de terre, de sulfate d'alumine insoluble et de plâtre que contient ce dépôt, qui ne donne d'ailleurs que 3 à 4 grammes d'or fin par kilogramme. J'ai cherché dans la connaissance de sa composition des moyens plus faciles d'en séparer l'or. Voici ceux que je propose d'employer.

Deuxième méthode.

On précipite l'or, comme nous l'avons dit, de la liqueur si elle en contient en dissolution; on la décante et on la jette si on ne peut pas la vendre. On lave le dépôt à grande eau, pour en bien séparer le sel marin, le nitre et les autres sels solubles, et on le traite par l'acide muriatique mis peu à peu en léger excès; on dissout ainsi toute la craie et on favorise la dissolution du sulfate de chaux et du sulfate d'alumine avec excès de base. On ajoute beaucoup d'eau à la liqueur pour en diminuer la densité et pour faciliter le lavage du dépôt. L'or reste en suspension dans la liqueur avec de la terre, du sable, du sulfate de chaux et quelques ordures insolubles. On laisse bien déposer, on essaie la liqueur avec de la dissolution de couperose verte, on la jette si elle ne contient pas d'or en dissolution; on lave le dépôt, d'abord avec de l'acide sulfurique très-faible, et ensuite avec beaucoup d'eau, en ayant soin de bien laisser éclaircir la liqueur à chaque lavage. On met le dépôt sur un filtre, ou on le fait sécher sur un plat, et on le fait fondre en y ajoutant de la litharge, $\frac{1}{100}$ de résine et un peu de salpêtre et de borax.

Ces deux méthodes sont bonnes: la seconde surtout conduira facilement au but dans les ateliers où on est dans l'usage d'*épargner* les pièces dorées *sur buis*, au moyen de la craie délayée dans un sirop de gomme et de cassonade. Lorsqu'on emploie les ocres rouges ou jaunes, ou la terre à poêle pour préparer l'*épargne*, le dépôt du tonneau au *mat*, traité par l'acide muriatique faible, contiendra un peu plus de substances terreuses, et il faudra alors y ajouter une plus grande quantité de litharge pour le fondre aisément.

En suivant ce second procédé, on a l'avantage de n'avoir à fondre qu'un dépôt peu chargé de substances terreuses, et de diminuer ainsi considérablement la dépense de cette opération.

4 kilogrammes 500 grammes du dépôt du baquet au *mat* se sont réduits, en les traitant comme il vient d'être dit, à 750 grammes; ce résidu étant fondu a donné 34,5 grammes d'or ou 46 grammes par kilogramme.

Dans un second essai, j'ai trouvé que le dépôt du baquet au *mat*, traité comme on l'a dit plus haut, par l'acide muriatique mis en excès, étant bien lavé et séché, donnait 34 grammes d'or par kilogramme. Ce résidu contient donc, terme moyen, par kilogramme, 40 grammes d'or et 960 grammes de substances étrangères.

Le sulfate de chaux, qui forme la plus grande partie des résidus obtenus par les deux procédés dont je viens de donner la description, oblige à fondre ces résidus avec une quantité de litharge assez considérable pour en bien opérer la fonte (1). Il suit de-là que le culot que l'on obtient contient beaucoup de plomb,

---

(1). *Voyez* ce qui a été dit à ce sujet dans la note qui se trouve au bas de la page 92 de ce Mémoire.

et qu'il faut le passer à la coupelle pour en retirer l'or. J'ai cru utile d'indiquer des moyens d'exploitation qui n'obligeraient pas à employer la litharge et le fourneau à coupelle, et qui donneraient l'or pur par le moyen d'une seule fonte (1). Voici les procédés qui conduiront à ce but.

Troisième méthode.

Après s'être assuré que l'eau du baquet au *mat* ne contient pas d'or, ce qu'on fera, comme nous l'avons dit plus haut, au moyen de la couperose, on jettera cette eau; on traitera le dépôt par la dissolution de sous-carbonate de soude ou de potasse mise en grand excès; on agitera le mélange à froid, et de temps en temps, pendant une dizaine de jours; on jettera la liqueur; on lavera le dépôt à grande eau; on le traitera par l'acide muriatique mis peu à peu et en léger excès pour

---

(1) On arriverait à ce résultat en fondant les résidus fournis par les deux méthodes décrites plus haut, avec de grandes quantités de flux blanc, de nitre, de borax ou de potasse, etc.; mais ces fontes seraient si coûteuses et si difficiles, que je ne conseille pas de faire usage de ce procédé, quoiqu'il puisse donner de l'or pur par le seul moyen de la fonte.

dissoudre tout le carbonate de chaux formé par la décomposition du plâtre; on lavera le résidu, qui ne contiendra plus que de l'or mêlé à un peu de terre et de sable, et qui, dans cet état, se réduira facilement en culot, sans employer de litharge et en ne faisant usage que de salpêtre et de borax.

Dans l'opération que je viens de décrire, l'or que l'on obtient se trouve encore mélangé avec différentes substances dont on doit le séparer au moyen de la fonte. Je terminerai ce chapitre en indiquant le procédé à suivre pour éviter cette fonte et pour traiter le dépôt du baquet au *mat* par la voie humide, afin d'en obtenir l'or à l'état pur, sans mélange de corps étrangers et en poudre impalpable, par conséquent très-facile à dissoudre dans le mercure et très-propre à donner de bonne amalgame. Voici le procédé tel que je l'ai exécuté en grand, et qui me paraît le plus avantageux des quatre que je propose dans ce chapitre.

Quatrième méthode.

On peut encore traiter l'eau et le dépôt qui se trouvent dans le baquet au *mat*, en suivant à peu près l'excellent procédé publié par M. Vauquelin, et qui sert maintenant à exploiter le résidu de la *couleur* que les bijoutiers emploient pour mettre l'or au *mat* (1). Voici la description de ce moyen d'exploitation appliqué au déchet de doreur dont nous nous occupons.

On doit commencer par saturer toute la partie calcaire du dépôt du baquet au *mat*, en employant l'acide muriatique et en prenant les précautions indiquées plus haut. Lorsque la liqueur du baquet contient un excès d'acide bien marqué, on y ajoute un mélange de trois parties d'acide muriatique du commerce et d'une partie d'acide nitrique à 36°; on agite bien, avec un bâton, tout ce qui est dans le baquet; on le remue de temps en temps, et pendant quelques jours, afin de faciliter la dissolution de tout l'or contenu dans le dépôt du baquet au *mat;* on laisse bien éclaircir la liqueur et précipiter la partie du résidu qui ne s'est point dissoute; on tire la liqueur à clair par le moyen le plus commode, on la met dans un tonneau, ou, ce qui est mieux,

---

(1) *Voyez* la description très-exacte et très-détaillée de ce procédé, page 74 du *Manuel de l'Essayeur*, publié par M. Vauquelin en 1812. On y voit qu'il faut employer 4 parties de couperose pour opérer la précipitation complète d'une partie d'or.

dans un grand pot de grès, et on ajoute dans cette liqueur de la couperose verte qui en précipite l'or; on agite bien le mélange, on laisse former le dépôt; on essaie la liqueur claire avec la dissolution de couperose; si cette addition ne forme pas de nouveau précipité dans la liqueur, on la soutire de dessus le dépôt, on la jette et on lave le dépôt d'abord avec de l'eau acidulée avec de l'acide sulfurique, et ensuite avec beaucoup d'eau, en ayant toujours soin de laisser bien déposer l'or à chaque lavage, afin de ne point risquer d'en jeter avec les eaux que l'on enlève de dessus l'or en poudre qui est au fond du vase. Quand le dépôt est bien lavé, on le met sur un filtre ou dans un plat; on le fait sécher et on le fait légèrement rougir dans un creuset; on obtient ainsi de l'or fin qui peut servir à former de nouvelle amalgame. Le résidu insoluble dans le mélange d'acide muriatique et d'acide nitrique, de dessus lequel nous avons dit qu'on soutirait la dissolution d'or, doit être traité de nouveau par ce même mélange d'acide, afin d'en séparer les dernières portions d'or qui pourraient y rester; mais cette seconde opération doit être faite à chaud, en faisant bouillir pendant une heure ce résidu dans un ballon de verre, après l'avoir bien délayé dans de l'eau, et y avoir ajouté quantité suffisante d'acide muriatique et d'acide nitrique. On filtre la liqueur, on lave le résidu qui reste sur le filtre, et on se sert de cette dissolution, qui contient un peu d'or, pour traiter de nouveau résidu du baquet au *mat*. On peut aussi la traiter par la couperose, comme nous l'avons dit tout-à-l'heure, soit seule, soit en la réunissant à d'autres dissolutions d'or provenant de l'exploitation des mêmes résidus. On retire ainsi facilement tout l'or que contient cette espèce de *déchet;* on obtient l'or à un titre très-élevé et bon pour être employé de suite dans l'atelier du doreur, et on a l'avantage d'obtenir ces résultats presque sans dépense en ustensiles, en charbon et en main-d'œuvre.

Voilà la description des quatre procédés que je propose pour retirer l'or du baquet au *mat*. Le premier procédé a l'avantage d'être le moins compliqué; mais les doreurs, en le suivant, n'obtiendront qu'un résidu contenant peu d'or par rapport à son poids, difficile à fondre et à exploiter, et dont ils ne trouveront par conséquent jamais un prix raisonnable dans le commerce.

Le deuxième procédé est plus compliqué, mais il donne un résultat bien plus satisfaisant, et le doreur qui ne voudra pas fondre lui-même le résidu de l'opération, en trouvera au moins un prix plus avantageux.

Dans le troisième procédé, l'or que l'on obtient n'a besoin, pour être ramené à l'état d'or pur, que d'être fondu avec un peu de borax. Ce procédé conviendra bien aux doreurs qui voudront exploiter en grand les dépôts de baquets à mettre au *mat*, et qui feront alors avec grand avantage cette exploitation à façon pour les autres doreurs (1).

Le quatrième procédé indiqué est celui qui me paraît le mieux convenir aux doreurs qui veulent exploiter par eux-mêmes, deux ou trois fois par an, le résidu dont nous parlons. En suivant ce procédé, ils obtiendront, presque sans dépense et sans peine, la totalité de l'or contenu dans ce *déchet*, et ils auront le grand avantage d'obtenir l'or pur et de l'avoir en poudre impalpable, qu'il suffira de faire légèrement recuire pour pouvoir la dissoudre facilement dans le mercure et pour en former de très-bonne amalgame.

---

(1) M. Foy m'a assuré que, dans un atelier composé de quatre à cinq ouvriers, le baquet au *mat* pouvait rendre environ 15 grammes d'or fin par mois.

§. VII. *De la boue du baquet à* gratte-bosser.

La boue du baquet où l'on *gratte-bosse* les pièces de bronze dorées, contient l'or enlevé de dessus la pièce par le frottement de la *gratte-bosse à gratte-bosser :* il s'y trouve beaucoup de fils de laiton provenant de la *gratte-bosse*, et une grande quantité de fragmens et de débris de bois que fournit la planche horizontale *a*, placée dans le baquet à *gratte-bosser, figure 14, planche II*. Ce morceau de bois, continuellement frotté par la pièce de bronze et par les fils de la *gratte-bosse*, se met en charpie très-promptement, et augmente ainsi le dépôt qui se trouve au fond du baquet.

On doit laver ce dépôt, après avoir décanté et jeté l'eau acidulée avec du vinaigre qui le surnage; on le fait sécher et on le fait rougir dans une poêle, pour bien brûler tout le bois qui s'y trouve; on incinère bien le charbon et on traite le résidu comme nous l'indiquerons bientôt en parlant de l'exploitation des vieilles *gratte-bosses* à dorer (1).

§. VIII. *Des vieilles* gratte-bosses *à dorer*.

Les *gratte-bosses* à dorer se pénétrant

---

(1) J'ai essayé de ces résidus qui contenaient jusqu'à 31 et 32 grammes d'or par kilogramme.

d'amalgame et s'usant promptement, forment un déchet considérable qu'il importe au doreur de bien exploiter. J'ai analysé avec soin ces *gratte-bosses*; j'ai examiné les procédés suivis pour en retirer l'or, et ne les trouvant pas satisfaisans, j'ai cherché des moyens plus avantageux de traiter cette espèce d'alliage : ce chapitre contiendra le résultat du travail que j'ai entrepris à ce sujet.

On ne retire que depuis peu de temps l'or des vieilles *gratte-bosses* à dorer; j'ai vu établir l'exploitation régulière de ces déchets il y a dix à douze ans. Avant cette époque, on faisait fondre les vieilles *gratte-bosses* sans en retirer le mercure; on ajoutait du salpêtre au métal fondu pour oxider le cuivre et le zinc, et pour affiner l'or : cet or se trouvait ramené à un titre d'autant plus élevé, que l'on avait employé plus de nitre et que la *poussée* avait duré plus long-temps; mais la fonte du mélange était difficile et rendait ce procédé coûteux. Je l'ai employé, et je n'en ai pas été satisfait.

Quelques doreurs font maintenant affiner les vieilles *gratte-bosses* à la coupelle, en les y traitant par le plomb. Ce moyen est préférable au premier, mais les frais en sont encore trop considérables. La liquation ne présente
pas

pas non plus d'avantage, parce que cette opération ne réussit que difficilement lorsqu'on y soumet les alliages d'or et de cuivre. J'ai vu dans quelques ateliers agiter les vieilles *gratte-bosses* dans un grand excès de mercure légèrement chauffé, et les secouer fortement en les retirant de ce bain : en les lavant ainsi au mercure, on en retire la plus grande partie de l'amalgame, mais les fils de laiton en restent toujours pénétrés, et il faut encore les traiter par un des moyens indiqués plus haut. L'insuffisance de ces moyens m'a déterminé à proposer les procédés qui suivent, et qui présentent, je crois, tous les avantages desirables.

La distillation des vieilles *gratte-bosses* au moyen d'une cornue de fonte est si facile, que je pense que l'on ne doit pas perdre le mercure qu'elles contiennent. On doit donc commencer par soumettre les vieilles *gratte-bosses* à dorer à la distillation dans une cornue de fonte; on en sépare ainsi tout le mercure; les fils métalliques que l'on retire de la cornue sont alors bien flexibles : on en fait facilement des paquets ou pelottes oblongues que l'on peut traiter de deux manières différentes.

Traitement des vieilles gratte-bosses *à dorer par la voie humide.*

On peut faire dissoudre les vieilles *gratte-bosses* distillées dans l'acide nitrique (1); tout se dissout, excepté l'or qui reste au fond du matras. On décante la dissolution de cuivre; on y ajoute de nouvel acide nitrique, on fait bouillir le tout pendant une demie-heure, on décante l'acide, on ajoute de l'eau dans le matras, on agite et on verse l'eau et l'or sur un filtre (2), on lave le tout, on fait sécher le filtre, on le brûle dans un creuset, on y ajoute un peu de nitre et de borax, et on fait fondre l'or, qui se trouve ainsi à un titre assez élevé pour pouvoir être employé de nouveau à la

---

(1) Si on traitait les vieilles *gratte-bosses* en grand, on pourrait, par économie, employer l'acide sulfurique à 50° au lieu de l'acide nitrique; mais il faudrait alors ajouter, de temps en temps, quelques gouttes d'acide nitrique au mélange bouillant pour favoriser la dissolution du cuivre et la séparation de l'or.

(2) On pourrait décanter cet or en poudre dans un verre, dans un creuset de pâte fine ou dans une assiette. En le faisant sécher et légèrement recuire, on pourra le faire dissoudre dans le mercure et en préparer ainsi directement de bonne amalgame.

préparation de l'amalgame. La dissolution de cuivre qui a été décantée de dessus l'or en poudre doit être saturée en y mettant des vieilles *gratte-bosses* distillées en excès, et en faisant chauffer le tout. Cette dissolution de cuivre jaune, ainsi débarrassée de l'excès d'acide qu'elle contenait, peut servir à la préparation des cendres bleues ou à celle des couleurs bleues ou vertes extraites du cuivre. On peut encore concentrer cette dissolution jusqu'au degré convenable en la faisant évaporer dans une bassine de cuivre rouge et la décomposer ensuite dans une cornue de verre ou de grès, soit en la distillant seule, soit en y ajoutant quantité convenable d'acide sulfurique. Dans le premier cas on aura des oxides de cuivre et de zinc au fond de la cornue, et de l'acide nitrique qui aura passé dans le récipient; dans le second on aura de l'acide nitrique dans le ballon, et il restera au fond de la cornue une masse saline qui, dissoute dans l'eau, donnera facilement de très-beaux cristaux de sulfate de cuivre que l'on séparera du sulfate de zinc par des lavages successifs, ou par une ou deux cristallisations.

En traitant les vieilles *gratte-bosses* à dorer par les moyens que nous venons de décrire, on peut donc en retirer, 1° le mercure;

2º l'or; 3º des oxides de cuivre et de zinc qui peuvent être ramenés à l'état métallique et redonner du cuivre jaune; 4º des couleurs bleues ou vertes; 5º des sulfates de cuivre et de zinc; 6º une grande partie de l'acide nitrique employé à dissoudre les vieilles *gratte-bosses* à dorer.

J'ai analysé un grand nombre d'échantillons de vieilles *gratte-bosses*, et j'ai trouvé qu'elles contenaient au cent :

Mercure de................. 15 à 20.
Or......................... 2 à 3.
Cuivre jaune............... 83 à 77.

Lorsqu'elles ont été soumises à la distillation et que le mercure en a été ainsi séparé, elles forment un alliage qui contient environ au cent :

Cuivre jaune................... 96,96.
Or à 1000 millièmes............ 3,04.
───────
100.

Ou cuivre pur.................. 67,872.
Zinc........................... 29,088.
Or fin......................... 3,04.
───────
100.

L'expérience prouve qu'il faut, terme moyen, 100 grammes d'acide nitrique pur à

36° (1333, pesanteur spécifique) pour dissoudre 22 de cuivre jaune : il faudra donc 440 grammes d'acide nitrique à 36° pour traiter 100 grammes de vieilles *gratte-bosses* à dorer distillées et pour avoir 3,04 grammes d'or fin.

Si on traite la dissolution nitrique de cuivre par l'acide sulfurique, on obtiendra des quantités ci-dessus au moins 260 grammes de sulfate de cuivre et environ moitié de l'acide nitrique employé; on aura en outre les autres produits accessoires qui contribueront à augmenter les bénéfices de l'opération; mais je n'entre dans aucun détail au sujet de ces produits qui sont beaucoup moins importans; ce serait trop alonger ce chapitre. J'ai voulu mettre seulement ici l'ouvrier doreur à même de savoir approximativement la dépense et le produit du mode d'exploitation que je propose.

Traitement des vieilles gratte-bosses *par la voie sèche.*

De tous les procédés que j'ai essayés, celui qui m'a le mieux réussi est le suivant :

On commence par distiller les vieilles *gratte-bosses* à dorer pour en retirer le mercure ; on en prend ensuite 500 grammes que l'on tasse au fond d'un bon creuset ; on y ajoute un mélange de 3000 grammes de galène ou de sulfure de plomb en poudre et de 100 grammes de limaille de fer ; on recouvre le tout avec 3 ou 400 grammes de sel marin décrépité et en poudre fine, et on le fait fondre en le chauffant fortement et en le tenant en fonte bien liquide pendant environ un quart d'heure ; on retire le creuset du feu, on le laisse refroidir et on le casse. On trouve au fond un culot contenant du plomb allié à l'or provenant des *gratte-bosses;* on passe ce plomb aurifère à la coupelle et on obtient ainsi l'or à l'état de pureté (1). Les scories de cette fonte peuvent être mises en

---

(1) Le mélange indiqué plus haut étant très-fusible, rend l'opération facile. Tout doreur peut la faire sous la forge avec le moindre soufflet. Le petit fourneau à coupelle elliptique dont nous avons parlé au bas de la page 93 de ce Mémoire, et dont on fait usage dans les bureaux de garantie de province, sera suffisant pour opérer cette fonte, pour passer les culots à la coupelle et pour en retirer l'or. On pourra encore coupeller ces alliages de plomb et d'or en plaçant la coupelle entre des charbons allumés et en dirigeant sur le *bain* le vent d'un petit soufflet, comme les essayeurs le font lorsqu'ils passent les essais à la *casse*.

poudre et refondues avec un peu de limaille de cuivre, ou, à défaut, avec un peu de limaille de fer : on obtient ainsi un second culot qui contient encore assez d'or pour payer les frais de cette seconde opération.

§. IX. *De la suie des cheminées de doreurs.*

Quelques doreurs recueillent la suie qui s'attache aux parois de la cheminée de la forge à *passer*, et la mélangent avec les cendres aurifères qu'ils font traiter au moulin par les procédés de l'amalgamation. Le plus grand nombre jettent cette suie comme inutile; et ceux même qui la font traiter au mercure ne regardent pas cette opération comme bien avantageuse. Les ramoneurs qui respirent l'air chargé de cette suie sont cependant atteints de maladies si graves, et dont l'invasion est si prompte, qu'il est naturel de penser que l'on ignore la composition de la suie des cheminées de doreurs, et qu'on n'a point encore apprécié ce déchet à sa véritable valeur. J'ai cru utile d'examiner cette suie et de rechercher les meilleurs moyens de l'exploiter.

J'ai dit, en parlant du ramonage des cheminées de doreurs, que j'avais fait prendre des échantillons de suie à différentes hauteurs de la cheminée que j'ai fait ramoner en ma présence. Ces échantillons ont été mis dans des boîtes par le ramoneur, à mesure qu'il s'élevait dans le tuyau de la cheminée, et ces boîtes, fermées et jetées à terre, ont été de suite numérotées. Nous allons examiner les échantillons pris au bas, au milieu et au haut de la cheminée.

Ces échantillons ont été bien séchés, à une douce chaleur, dans une étuve dont la température était constante et bien réglée; on a séparé les platras qui se trouvaient mélangés à la suie; on a tamisé chaque échantillon séparément, et on les a mis dans des bocaux étiquetés et bien secs.

Ces trois échantillons blanchissent fortement l'or sur lequel on les frotte. La suie prise au bas de la cheminée produit cet effet plus vîte et plus fortement que les deux autres. J'ai pesé des volumes égaux de chacun de ces échantillons, et j'ai trouvé que :

1 décilitre cube du n° 1, contenant la suie prise au bas de la cheminée, pèse, terme moyen de 3 pesées. . . . . 945 gr.

1 décilitre cube du n° 2 pèse, terme moyen *idem*. 808

1 décilitre cube du n° 3 pèse,
terme moyen *idem*. . . . . .765 gr. (1)

On voit donc déjà que le mercure est porté par le courant d'air jusqu'au haut de la cheminée, et par conséquent jusque dans l'atmosphère, et que la plus grande quantité s'en condense cependant vers la partie inférieure de la cheminée.

Lorsqu'on délaie de la suie de doreurs dans de l'eau distillée bouillante et qu'on la lave avec soin, on voit le mercure se rassembler en poudre très-fine au fond du vase; mais il ne s'y réunit point en masse (2).

---

(1) J'ai examiné de la même manière différentes suies de cheminées ordinaires; j'ai trouvé qu'elles pesaient 940 grammes, 943 gr., 780 gr., 810 gr. par décilitre cube, c'est-à-dire, autant que les suies de doreurs les plus chargées de mercure. Cela vient de ce que l'huile et les sels contenus dans la suie ordinaire la rendent très-compacte, tandis que la suie des cheminées de doreurs, où on ne brûle que du charbon de bois ou de la tannée, reste en poudre très-légère.

(2) J'ai essayé inutilement de laver la suie avec une dissolution saline, ayant 1400 de densité; j'espérais ainsi pouvoir séparer les cendres et le mercure de la suie proprement dite, qui a une pesanteur spécifique moindre; mais je n'ai réussi qu'incomplétement. Je crois cependant que ce moyen pourrait donner de bons résultats s'il était plus étudié.

Les eaux de lavage sont très-colorées et légèrement alcalines; elles contiennent beaucoup de muriates, point de sulfates. Il n'y a point de mercure en dissolution, probablement parce que, lors de l'immersion de la suie dans l'eau, les sels mercuriels ont été décomposés par les bases alcalines ou terreuses provenant de la cendre du charbon de bois et des mottes à brûler (1). Ces eaux de lavage contiennent beaucoup de sels à base de chaux. La suie ainsi lavée blanchit l'or comme avant le lavage; elle perd, terme moyen, 0,27 de son poids dans cette opération. Si on traite la suie de doreur par l'acide nitrique, il se produit une forte effervescence due à la dissolution d'une grande quantité de carbonate de chaux. En faisant chauffer le mélange et en employant excès d'acide nitrique, on sépare tout le mercure de la suie, qui se ré-

---

(1) Les acides qui se dégagent pendant que l'ouvrier passe au *mat* les pièces dorées se combinent au mercure qui est volatilisé sous le même manteau de cheminée. Il se forme alors des sels mercuriels; et c'est sans doute à leur présence dans la suie des cheminées de doreurs qu'il faut attribuer les accidens graves qu'éprouvent les ramoneurs qui ramonent ces cheminées sans prendre les précautions convenables.

duit ainsi aux 0,26 de son poids. Le résidu ne blanchit plus l'or. Étant lavé, séché, brûlé et fondu avec quatre parties de litharge dans un creuset huilé, il donne un culot de plomb qui passé à la coupelle, y laisse constamment un bouton d'or fin qui forme, terme moyen, les 0,002 de la suie employée. La suie de doreur contient donc de l'or qui a probablement été volatilisé et entraîné par le courant d'air avec le mercure de l'amalgame (1).

---

(1) M. de Tingry fait mention de ce fait page 85 de son Mémoire. M. Houard m'a dit avoir traité des *suies* de doreurs qui lui ont rendu 2 grammes d'or et jusqu'à 600 grammes de mercure par kilogramme.

M. Proust, qui a fait l'analyse de la suie des fourneaux dont on fait usage à Almaden pour y traiter la mine de mercure, a trouvé que cette suie contenait au cent :

Eau chargée d'acide sulfurique pur.	2,5.
Sulfate d'ammoniaque	3,5.
Noir de fumée	5.
Mercure	66.
Mercure doux	18.
Cinnabre	1.
Sulfate de chaux	1.
Perte	3.
	100.

Lorsqu'on distille la suie de doreur, on en obtient, terme moyen, 9 pour cent de mercure coulant (1); mais l'on a bien de la peine à le rassembler par rapport à l'huile et à la liqueur ammoniacale qui passe avec le mercure dans le col de la cornue de fonte : il se forme beaucoup de carbonate et de muriate d'ammoniaque, et il se dégage des vapeurs très-abondantes et très-fétides.

Le mercure que l'on obtient de la distillation de la suie étant dissous par l'acide nitrique pur, ne laisse point d'or au fond du matras. Le résidu charbonneux, recueilli au fond de la cornue, étant incinéré et fondu avec de la litharge dans un creuset huilé, donne un culot de plomb qui, passé à la coupelle, y laisse toujours un bouton d'or fin.

On voit, d'après le résultat des essais qui viennent d'être cités, que la distillation ne convient pas pour exploiter la suie des cheminées des doreurs, et qu'il faut plutôt la

---

(1) M. le docteur Marc, appelé en consultation médico-légale dans une affaire où un ramoneur a été près de mourir, pour avoir ramoné sans précaution une cheminée de doreur, a trouvé, en analysant la suie de cette cheminée, qu'elle contenait environ 25 de mercure par quintal.

laver à grande eau et la faire traiter au moulin avec les autres résidus aurifères que donne le travail de l'atelier. On pourra peut-être en tirer un meilleur parti en l'exploitant par la voie humide et en suivant à peu près le procédé que voici, qui est basé sur les premières expériences rapportées au commencement de ce chapitre.

On pourrait rassembler toute la suie provenant du ramonage d'une cheminée de doreur ; on en séparerait avec soin, par le lavage sur un tamis, tous les platras et autres débris grossiers ; on traiterait la suie par l'acide nitrique ; on filtrerait, on retirerait le mercure de la liqueur, et le résidu, incinéré et fondu comme nous l'avons dit plus haut, donnerait tout l'or contenu dans la suie. Je ne fais qu'indiquer ce moyen d'exploitation ; il faudrait l'étudier davantage pour savoir au juste à quoi s'en tenir par rapport aux avantages qu'il pourrait procurer. En attendant, je conseille aux doreurs de ne point jeter la suie qu'ils font extraire de la cheminée de leur forge à *passer*, et de la faire tourner au moulin ; car il est bien démontré que, contre leur opinion, il s'y trouve beaucoup de mercure et une assez grande quantité de l'or qu'ils emploient.

§. X. *Des balayures de l'atelier.*

Toutes les balayures de l'atelier et débris de tous genres, comme vieux chiffons, vieux balais, vieilles brosses, vieux papiers, etc. (1), sont accumulés dans un tonneau ; on y ajoute les cendres de la forge à *passer* et celles du fourneau à mettre au *mat* lorsque ces cendres sont jugées trop pauvres pour être exploitées séparément avec avantage. On traite le tout, lorsqu'on en a réuni une assez grande quantité, par la méthode suivante.

On met sous le manteau de la forge un lit de bois fendu et on place dessus les balayures, en les y arrangeant couche par couche avec du bois bien sec ou du charbon de bois ; on met le feu à ce tas et on le conduit de manière à rendre la combustion bien complète. Lorsque tous les débris ont été bien charbonnés

---

(1) Les doreurs devraient toujours couvrir le sol de leurs ateliers avec des claies en bois, comme le font les orfèvres et les bijoutiers ; ils éviteraient ainsi la perte d'une grande quantité d'or et d'amalgame qui, tombés à terre, s'attachent aux souliers des ouvriers, et sont ainsi portés au dehors et perdus. Les claies en bois éviteraient cette perte, en conservant entre leurs compartimens les ordures de l'atelier.

et complétement réduits en cendres, on laisse refroidir le tout; on le tamise pour en séparer les pierres et autres substances volumineuses dont on peut faire le triage à part.

On lave la cendre en poudre pour en séparer les substances métalliques qui peuvent s'y trouver en morceaux ou en grenailles, et on fait ensuite traiter cette cendre, au moyen du mercure, par les procédés ordinaires d'amalgamation. On peut encore, après en avoir retiré de l'or par ce procédé, la vendre aux propriétaires de mines de plomb qui la traitent à la coupelle, en l'y passant avec des plombs riches en argent. Si les cendres provenant des balayures se trouvaient très-chargées en or, ce qu'on reconnaîtrait facilement en en faisant l'essai en petit, on pourrait, dans certains cas, les traiter en les fondant avec de la litharge et un peu de résine dans un creuset huilé, et en passant à la coupelle le culot que l'on obtiendrait. J'ai vu de ces cendres qui donnaient, étant ainsi traitées, jusqu'à 2 grammes $\frac{1}{2}$ d'or fin par kilogramme.

CHAPITRE XVI.

Des moyens de salubrité proposés dans ce Mémoire, et des appareils qui peuvent les procurer.

Le but que s'est proposé M. Ravrio en faisant les fonds du prix mis au concours par l'Académie, étant de rendre l'état de doreur moins nuisible à la santé des ouvriers qui le professent, j'ai cru devoir, pour mieux me conformer aux conditions exigées par le programme, présenter dans un chapitre à part les moyens de salubrité que je propose, et les mettre ainsi plus à la portée des ouvriers. Je parlerai ici des appareils propres à assainir les ateliers de doreurs; j'indiquerai les principes sur lesquels repose leur construction, pour qu'on puisse les appliquer sans peine à tous les cas particuliers. Je terminerai en indiquant les différentes précautions que j'ai conseillé de prendre, et, en les rappelant dans l'ordre où elles ont été proposées, j'en développerai quelques-

quelques-unes sur lesquelles il me paraît plus utile d'insister.

Le doreur qui veut monter un atelier doit choisir, s'il le peut, un local assez grand, exposé au nord, bien aéré et bien éclairé. La cheminée de l'atelier doit être large; elle doit avoir au moins cinq à six mètres de hauteur; le tirage doit en être réputé bon; elle ne doit être commandée par aucun bâtiment voisin; elle ne doit recevoir dans toute sa hauteur aucun tuyau de poêle ni de cheminée, et doit ne servir que pour l'atelier de doreur, et n'avoir aucune communication avec les autres cheminées de la maison.

Le local étant choisi, il faut bien assurer en tout temps le tirage de la cheminée, et pouvoir même à volonté le rendre plus ou moins rapide. Voici les moyens à employer pour arriver à ce but.

Ce qu'on nomme *tirage* d'une cheminée n'est que l'effet produit par l'ascension de l'air dans le tuyau de cette cheminée. Pour que cet effet ait lieu, il faut échauffer convenablement la colonne d'air dans le tuyau de la cheminée, et laisser affluer dans la pièce où elle se trouve assez d'air du dehors pour pouvoir continuellement remplacer celui qui est entraîné vers la partie supérieure du bâtiment.

On donne ordinairement de l'air dans les pièces où les cheminées fument, en en ouvrant les portes ou les croisées. Cette méthode introduit dans la chambre une trop grande quantité d'air à la fois, et y forme surtout des courans rapides et irréguliers qui s'opposent souvent à l'effet qu'on veut produire. Il est préférable d'établir à chaque croisée de l'atelier un bon vasistas à soufflet, s'ouvrant en dedans (1), et placé au haut de la croisée. L'air extérieur qui entre dans l'atelier, en passant par ces vasistas, se mélange à l'air le plus chaud qui se trouve toujours vers le plafond, s'échauffe ainsi et n'abaisse point la température du bas de l'atelier. On peut alors en tenir les portes et les fenêtres fermées sans nuire au tirage de la forge ou à la santé des ouvriers doreurs. Par ce moyen l'air reste

---

(1) Si on peut tirer de l'air d'une cave, il ne faut pas négliger de le faire ; il faudra alors le conduire au moyen d'une gaine en bois jusqu'à 40 ou 50 centimètres du plafond. Cet air paraîtra chaud en hiver et frais en été. On pourra en régler l'arrivée au moyen d'une clef adaptée à la gaine en bois. On pourra encore profiter, en hiver, de l'air que l'on peut tirer du dehors et échauffer en le faisant passer à travers les bouches de chaleur du poêle destiné à chauffer l'atelier.

calme, et se trouve plus frais en été et plus chaud en hiver que celui qu'ils respirent maintenant en laissant ouvertes les portes ou les croisées de leurs ateliers (1).

Les précautions pour remplacer l'air que le tirage de la cheminée doit emporter au dehors étant prises, il ne s'agit plus que de construire sous la forge un petit fourneau d'*appel* pour échauffer à volonté, et plus ou moins, la colonne d'air qui se trouve dans la cheminée. Ce fourneau d'*appel* sert pour ainsi dire de gouvernail à tout l'appareil; on peut ne l'allumer que lorsque la forge tire mal; mais il vaut mieux l'allumer tous les

---

(1) Les ouvriers doreurs, accoutumés à vivre dans des ateliers remplis de mercure en vapeur et de gaz délétères, et habitués à ne chercher d'autre remède au mal qu'en introduisant beaucoup d'air dans leurs ateliers, se décident avec peine à se servir de vasistas et à tenir les portes et les fenêtres fermées. J'ai trouvé de fortes oppositions de ce côté ; mais l'expérience prouvera bientôt aux doreurs que leur forge ira d'autant mieux que l'air de l'atelier sera plus calme ; ils sentiront alors qu'en assurant bien le tirage de leur cheminée au moyen des vasistas et d'un fourneau d'*appel*, ils peuvent faire comme nous faisons dans nos appartemens, où nous fermons tout en été pour éviter les grandes chaleurs, et en hiver pour nous garantir du froid.

jours, et utiliser le combustible que l'on y brûle en le plaçant de manière à pouvoir s'en servir pour chauffer le poêlon au *mat*, ou pour tout autre usage utile à l'atelier. Le but étant d'échauffer l'air contenu dans la grande cheminée, on sent que les parois de la cheminée du fourneau d'*appel* doivent être assez épaisses pour conserver à la fumée toute sa chaleur. On doit donc construire cette cheminée en briques jusqu'à une certaine hauteur, et la terminer par un tuyau en tôle de 10 à 12 centimètres de diamètre, afin de diminuer le moins possible l'ouverture de la cheminée de la forge. Ce tuyau en tôle doit monter dans la grande cheminée jusqu'à 2 mètres au moins au-dessus du plafond de l'atelier, comme on le voit *planche IV, figures* 1 et 3.

Le fourneau d'*appel* doit être construit pour y brûler du charbon de terre, ce qui donne une grande économie lorsqu'on s'en sert pour chauffer le poêlon au *mat*. Ce fourneau doit être placé de manière à porter le plus directement possible la fumée au centre du tuyau de la grande cheminée : il peut donc être construit, selon les localités, en dehors de la forge, comme on le voit en *b, planche III*, ou sous la paillasse de la forge, comme le représentent les *figures* 1, 2 et 3, *planche IV*.

On voit, d'après ce qui vient d'être dit, que le poêle d'un atelier de doreur, en le supposant assez grand et garni de bonnes bouches de chaleur, peut remplacer en hiver les vasistas et le fourneau d'*appel;* car l'air chaud que donneront les bouches de chaleur peut fournir au tirage de la cheminée, et ce tirage peut être bien établi au moyen du tuyau de poêle, qui devra alors être placé dans la cheminée de la forge et y être terminé par un coude, comme on le voit en *a, figure* 4, *planche IV*.

Il est évident que le tirage de la forge sera d'autant plus rapide à l'ouverture de cette forge où l'ouvrier travaille, que cette ouverture sera plus petite par rapport à la largeur du tuyau de la cheminée. L'expérience a prouvé qu'on pouvait la réduire, sans gêner le travail des ouvriers, à 40 ou 50 centimètres de hauteur. On peut rétrécir cette ouverture, soit avec une languette en plâtre, soit avec un châssis en fer ou en bois, garni de carreaux de verre, comme on le voit en *j, planches III* et *IV*. Ces derniers châssis peuvent être fixes ou mobiles; ils peuvent s'ouvrir à charnière en dedans de la forge, ou, ce qui est mieux, s'abaisser ou se hausser verticalement au moyen de contre-poids. Il faut en outre garnir l'ouverture de la forge de rideaux en toile qui servent à fermer, quand on le peut, la partie de l'ouverture où l'on ne travaille pas, ce qui donne le moyen d'accélérer la vitesse du courant d'air du côté où l'on se sert de la forge. On voit la disposition de ces rideaux en *h*, *planche III*, et en *h*, *figure* 1, *planche IV*; j'en recommande bien l'usage; les ouvriers doreurs s'y accoutumeront, et y trouveront le grand avantage de régler comme ils le voudront le tirage de leur cheminée, de le rendre d'autant plus fort qu'ils auront à faire sur la forge une opération plus dangereuse, et de le supprimer tout-à-fait à volonté en fermant ces rideaux pendant la nuit et les jours où l'on ne travaille pas à la forge.

Presque toutes les cheminées des villes sont rétrécies par le haut, au moyen de mitres ou de tuyaux de tôle de différentes formes : ces constructions nuisent souvent au tirage des cheminées. Il faudra donc, dans les cas difficiles, enlever ces constructions et les remplacer par une simple feuille de tôle placée horizontalement à 30 ou 40 centimètres au-dessus de l'ouverture de la cheminée. On pourra essayer encore l'usage d'une gueule-de-loup, d'une bascule turque, et en venir même, dans certains cas, à l'emploi de la roue horizontale du tourne-broche à fumée.

Jusqu'ici nous n'avons parlé de la forge que sous le rapport du courant d'air qu'il faut y établir; nous allons maintenant nous occuper de sa distribution. L'ouvrier doreur devant faire, sous le manteau de cette forge, toutes les opérations insalubres dont il est chargé, a besoin qu'elle soit divisée par cases, afin de pouvoir toujours faire la même opération dans le même endroit, et pour ne pas tacher de mercure les pièces de bronze dont la dorure est achevée.

Une forge complète de doreur doit se composer de six compartimens, séparés au moins par une languette de plâtre, mais communiquant tous avec la cheminée principale, et se trouvant ainsi sous l'influence du fourneau d'appel qui commande le tirage de cette cheminée.

On voit l'élévation et deux coupes d'une forge de doreur complète, *pl. IV, fig.* 1, 2 et 3. Ce qui suit servira à bien faire entendre ces dessins, dont on trouvera d'ailleurs la description à la fin de ce Mémoire.

La construction de l'atelier étant terminée, et toutes les précautions indiquées plus haut étant prises, il me reste à dire de quelle manière le doreur doit y conduire son travail.

En entrant le matin dans l'atelier, il doit en ouvrir les vasistas et essayer la forge avec une motte allumée, avec une chandelle ou un morceau de papier gris donnant de la fumée, pour s'assurer si le courant d'air qui y est établi est ascendant : si le tirage est bon, l'ouvrier peut se servir de la forge sans danger ; s'il trouve, au contraire, que le tirage de la forge est mauvais, et que l'air extérieur rentre par le tuyau de la cheminée dans l'atelier, il doit alors allumer le fourneau d'appel pour rétablir le courant d'air dans le sens convenable. Aussitôt que cet effet sera produit, ce dont il s'assurera en essayant la forge comme nous l'avons dit plus haut, il pourra sans crainte commencer son travail et le continuer en évitant, par les mêmes moyens, ces bouffées de fumée qui ramènent souvent dans les ateliers de doreur, tels qu'ils sont construits maintenant, le mercure en vapeur et les gaz délétères qui y détruisent si promptement la santé des ouvriers.

Je vais maintenant parler des opérations que l'ouvrier doreur est chargé d'exécuter.

Il doit recuire les pièces de bronze sous le manteau de la forge, en *b*, *figures* 1, 2 et 3, *planche IV*. Les vapeurs nuisibles que donne cette opération sont alors entraînées dans la cheminée générale *s*, au moyen du courant ascendant que le fourneau d'appel y établit. L'ouvrier peut accélérer le courant d'air à volonté en augmentant le feu dans le fourneau d'appel *p*, ou en fermant, en tout ou en partie, l'ouverture de la forge *b*, au moyen du rideau *h*.

Le recuit terminé, l'ouvrier doit dérocher les pièces de bronze en les mettant tremper dans un baquet rempli d'acide sulfurique faible ou d'eau seconde, et en plaçant ce baquet en *d*, *figures* 1 et 3, sous la paillasse de la forge à recuire dont je viens de parler (1). Les vapeurs nuisibles qui se dégagent lors du recuit montent au moyen du tirage général par la petite cheminée *c*, *figures* 1, 2 et 3,

---

(1) J'ai fait arranger chez M. Delaunay, doreur à Paris, une forge à recuire où le baquet à dérocher se trouve placé en dedans de la forge et au niveau de son sol. On couvre le baquet avec une feuille de tôle un peu épaisse, ou avec une plaque de fonte lorsqu'on veut allumer le feu sur toute la longueur de la forge. Ce baquet se vide à volonté et se nettoie au moyen d'un robinet placé sur le devant, et passant à travers la maçonnerie. Cette disposition du baquet à dérocher est très-salubre, et laisse libre la place qu'il occupe ordinairement dans l'atelier.

passent à travers la forge *b* et se rendent dans la grande cheminée. On peut encore augmenter la vitesse de l'aspiration en *d*, en fermant l'ouverture de cette case au moyen d'un châssis ou d'un rideau.

Les pièces dérochées doivent être *blanchies* en les frottant sous la forge *b* avec le mélange d'acide nitrique, de sel et de suie dont j'ai parlé au chapitre IX. On doit encore se servir de cette forge *b* pour préparer la dissolution mercurielle, pour distiller l'acide nitrique et l'amalgame passée à la peau de chamois, pour pratiquer toutes les opérations qui ont pour but de préparer ou de purifier les matières premières que le doreur emploie, et pour exploiter les déchets d'atelier.

L'ouvrier, avant de préparer son amalgame sous le manteau de la forge à *passer*, en *a*, *figures* 1, 2 et 3, *planche IV*, doit bien s'assurer du tirage de cette forge; s'il est trop faible, il doit allumer du feu au fourneau d'appel et fermer le plus possible les rideaux *h*, *h*, placés à l'ouverture de cette forge; il doit poser le creuset dans lequel se prépare l'amalgame au milieu de la paillasse de la forge, et doit y agiter l'or et le mercure avec la tige de fer courbé, *figure* 4, *planche I*, en la tenant avec la main droite, couverte d'un gant de vessie ou de taffetas ciré, et sans entrer la main sous la forge (1). La combinaison de l'or et du mercure étant achevée, l'ouvrier doit laver l'amalgame comme il le fait ordinairement; mais il ne devrait la comprimer qu'en la pressant avec ses doigts, garnis de gants de vessie, de taffetas ciré ou de peau épaisse, ou, ce qui serait mieux, en la serrant dans un nouet de peau de chamois.

L'ouvrier doreur ne doit appliquer l'amalgame sur la pièce de bronze qu'en faisant usage de la dissolution mercurielle dont j'ai donné la composition, chap. VII, pag. 35, et il doit en outre pratiquer cette opération sur une table surmontée d'une hotte en planches ou en osier doublée de papier, et communiquant avec la grande cheminée au moyen d'un tuyau de poêle coudé,

---

(1) L'ouvrier chargé de préparer l'amalgame pourrait encore faire cette combinaison dans une fiole ou dans un matras. M. de Tingry, qui a proposé ce moyen, comme nous l'avons déjà dit, a trouvé, en le pratiquant dans un atelier de doreur à Genève, que l'on évitait ainsi le dégagement des vapeurs mercurielles qui sont si insalubres, qui occasionnent la perte de plus du quart du mercure employé, et rendent très-incertain sur le dosage de l'amalgame.

comme on le voit en *a, fig.* 4, *planche IV.* Si le tirage de cette hotte ne paraissait pas assez rapide, il faudrait l'accélérer en allumant au centre un bon quinquet.

L'ouvrier doreur qui persistera à vouloir employer de l'eau-forte pure au lieu de dissolution mercurielle, devra surtout prendre les précautions que je viens d'indiquer. Dans tous les cas, l'ouvrier devrait se couvrir les mains de gants faits avec de la vessie, du tafetas ciré ou de bonne peau, pour appliquer l'amalgame sur le bronze; il éviterait ainsi les causes d'insalubrité qui naissent du contact continuel de la dissolution métallique et de l'amalgame sur la peau.

Le tirage de la forge étant bien établi, l'ouvrier y porte la pièce en *a, figures* 1, 2 et 3, *planche IV*, pour les passer au feu et en volatiliser le mercure. Il doit alors avoir soin de la brosser en alongeant les bras sous le manteau de la forge, surtout s'il fait agir la brosse en revenant sur lui-même, ce qui peut, malgré le courant d'air, ramener du mercure vaporisé autour de sa figure et dans l'atelier. L'ouvrier a ordinairement la main gauche garnie d'un gant épais; il devrait le faire doubler en vessie ou en taffetas ciré, et devrait mettre un gant de vessie à sa main droite:

cette précaution devient surtout nécessaire s'il veut suivre le conseil donné plus haut, et ne pas passer la pièce sur le devant de la forge, parce qu'alors ses mains se trouveront beaucoup plus exposées aux vapeurs mercurielles.

J'insiste beaucoup pour changer de méthode en brossant la pièce de bronze chargée d'amalgame; l'opération ne serait plus nuisible si on l'exécutait comme nous venons de l'indiquer, et surtout si l'ouvrier brossait la pièce en faisant aller la brosse de gauche à droite et de droite à gauche sans la ramener sur lui-même, ce que j'ai souvent fait exécuter facilement devant moi.

L'ouvrier doreur ayant fini de *passer* les pièces qu'il a à dorer, doit les bien laisser refroidir sous le manteau de la forge à *passer*, en les couvrant d'une feuille de papier pour qu'il ne tombe pas dessus des gouttelettes de mercure. Son ouvrage étant fini, il doit aussitôt se laver avec soin les mains, la figure et la bouche; il ne doit pas surtout manger en faisant cette opération, qui est une des plus dangereuses de l'art qu'il professe.

Lorsque l'ouvrier met au *mat* la pièce de bronze dorée, il donne encore naissance à des vapeurs qu'il doit éviter avec soin de respirer. Si la forge tire mal, l'opération de la mise au *mat* est extrêmement dangereuse, parce que, dans ce cas, le courant descendant ramène dans l'atelier du mercure en vapeur et des acides dus à la décomposition des substances salines qui forment le *mat*; il se produit alors dans l'atelier des sels mercuriels qui ont l'action la plus nuisible sur l'économie animale, et qui malheureusement, étant réduits en vapeurs et à l'état naissant, sont d'autant plus facilement absorbés par l'ouvrier qui les respire.

L'opération de la mise au *mat* se pratique en *m* et en se servant du fourneau *g*, *figures* 1, 2 et 3, *planche IV*. Le fourneau d'appel *p* étant utilisé pour chauffer le poêlon au *mat*, comme on le voit en *q*, *figure* 2, le doreur est toujours assuré d'opérer sous l'influence d'un bon courant d'air, qu'il peut d'ailleurs accélérer à volonté en fermant les rideaux des parties de la forge où l'on ne travaille pas (1): il se dégage encore quelques vapeurs

___

(1) On doit chauffer avec du *coak* ou charbon de terre épuré l'espèce de fourneau dont l'ouvrier doreur se sert pour mettre au *mat* les pièces de bronze dorées, et qui consomme ordinairement une très-grande quantité de charbon de bois. Le courant d'air rapide que l'on peut établir sous la forge évite toute odeur, et l'ouvrier trouve

nuisibles, ou au moins désagréables, lorsque l'ouvrier plonge dans l'eau la pièce qu'il retire du fourneau à mettre au *mat*. Le tonneau où se fait cette opération doit donc être placé sous l'influence d'un courant d'air dirigé vers la cheminée de la forge, comme on le voit en *i*, *figures* 1, 2 et 3, *planche IV*. Si la forge tire bien, les ouvriers doreurs peuvent éviter tous les inconvéniens dont nous venons de parler : ils ne doivent donc pas hésiter à y entretenir l'aspiration convenable, et à faire usage de ce grand moyen de salubrité.

Les précautions que nous venons d'indiquer pour mettre les pièces dorées au *mat*, doivent être de même prises lorsqu'on les met en *or moulu*, ou lorsqu'on leur donne la couleur d'*or rouge*; car l'on a à craindre, dans la pratique de ces procédés, l'absorption des sels mercuriels, des sels à base de cuivre et des oxides de ces métaux. Je ne puis que bien recommander l'emploi des moyens de salubrité indiqués plus haut et que j'ai toujours vu réussir.

---

dans l'emploi de ce combustible une grande économie et plus de facilité pour bien régler son travail. Quant au fourneau d'appel, l'ouvrier ne doit le chauffer qu'avec du charbon de terre ordinaire.

Lorsque les pièces dorées ont été mises au *mat* et sont terminées, l'ouvrier a l'habitude de les faire chauffer, de les tremper dans l'eau seconde pour en enlever l'*épargne* qui peut y adhérer, et pour les bien nettoyer. Il les lave ensuite à l'eau chaude et les fait sécher sur un réchaud rempli de braise allumée; ce réchaud répandant des gaz délétères dans l'atelier, doit en être éloigné; on doit le placer sous le manteau de la forge à recuire en *b*, *figures* 1, 2 et 3, *planche IV*, ou sous une petite hotte particulière, afin que les globules de mercure qui se trouvent dans la cheminée de la forge ne retombent pas sur les pièces dorées (1). On pourrait encore remplacer ce réchaud par une étuve convenablement construite, et qui pourrait servir de poêle à courant d'air en hiver; je crois même qu'un quinquet qui éclairerait l'atelier, suffirait pour échauffer assez fortement une plaque de tôle oxidée ou vernie, ou une feuille de cuivre sur

---

(1) On pourrait cependant, en adoptant les plans que je propose, faire sécher les pièces de bronze dorées sur la plaque de fonte du fourneau d'appel, en ayant soin de les y poser entre deux feuilles de bon papier, et en ne chauffant la plaque qu'au degré convenable pour ne pas brûler ce papier.

laquelle

laquelle on poserait les pièces dorées que l'on veut faire sécher. L'ouvrier, qui a continuellement la tête penchée sur le réchaud, a grand intérêt à employer un de ces moyens de salubrité, qui sont d'ailleurs si simples que je ne crois pas utile de les mieux développer : il en est de même pour les précautions que j'ai indiquées au sujet du ramonage des cheminées de doreurs. Le chapitre qui contient les détails de cette opération ne laisse, je crois, rien à desirer.

Quelques personnes ont pensé que si l'on pouvait supprimer l'emploi du mercure dans l'art du doreur sur bronze, on détruirait par cela seul l'insalubrité des ateliers où se pratiquent les opérations de cet art. Cette idée n'est point exacte, car l'insalubrité de ces ateliers doit être attribuée à plusieurs causes. On a fait bien des tentatives pour remplacer le mercure, mais elles n'ont point eu de succès, et on le conçoit facilement lorsqu'on examine avec soin les procédés de la dorure au moyen de l'amalgame.

Ces procédés, dus à des hasards heureux, ou à cette série de succès et de revers que l'on nomme *pratique*, et qui conduit les arts peu à peu à leur perfection, ne laissent à desirer que d'être moins insalubres; ils remplissent complétement et économiquement le but que l'on se propose; les résultats en sont parfaits. Je ne pense donc pas qu'il faille changer ces procédés. En supposant même qu'on parvînt à faire mieux par d'autres moyens, ce ne serait point la génération actuelle qui profiterait de cette amélioration, parce que les ouvriers ne changent pas facilement et tout-à-coup de méthode; la routine s'oppose à ces secousses, même lorsqu'elles doivent être utiles. On voit donc qu'il faudrait encore, dans ce cas, penser à perfectionner les appareils; à plus forte raison doit-on s'efforcer de le faire, puisque nous n'avons maintenant aucune espérance de dorer sur le bronze solidement, et comme le demande le commerce, sans faire usage de l'amalgame.

J'ai dit que les ouvriers doreurs devaient se laver avec soin en sortant de l'atelier, qu'ils ne devaient jamais y prendre leur repas, et qu'il leur serait même avantageux de suivre un régime approprié au genre de dangers qui les entourent; j'ajouterai qu'ils devraient changer d'habits en entrant dans l'atelier, et passer un sarrau de toile attaché autour des poignets et fixé autour du corps au moyen d'une ceinture : ce serait l'habit de travail, qu'ils quitteraient en sortant pour reprendre les leurs, qu'ils pourraient serrer dans une armoire éloignée des ordures, et surtout des vapeurs de l'atelier.

Je suis convaincu que ces précautions réunies sont plus que suffisantes pour rendre l'état de doreur aussi peu insalubre que les états ordinaires. On voit que, dans le cours de ce travail, j'ai principalement adopté les moyens de salubrité qui dépendent de la perfection des ateliers et des outils (1); je n'ai indiqué que le moins possible des précautions

---

(1) Il n'est question ici que des précautions à prendre dans les ateliers de doreurs. Lorsqu'il faut dorer des pièces de grandes dimensions, comme une statue, un grand vase, etc., les forges ordinaires de doreurs ne se trouvant pas assez grandes, on est obligé de dorer en plein air; c'est alors que l'ouvrier doit s'isoler autant que possible, en travaillant dans un courant d'air, en se tenant au-dessus du vent, en s'attachant une éponge mouillée sur la bouche et sur le nez, en mettant un masque avec des yeux de verre, en se couvrant les mains avec de bons gants, etc. etc. Ces moyens, qui ont été proposés depuis long-temps, mais surtout dans ces dernières années, par M. Gosse de Genève, par M. Brezé-Fradin, etc., peuvent être alors employés avec grand avantage. L'ouvrier doit surtout éviter de respirer l'air chargé de gaz délétères et de mercure en vapeur; il doit en outre prendre toutes les précautions de salubrité et de propreté que nous avons indiquées plus haut.

de nature à gêner le travail, parce que ces moyens seraient souvent en opposition avec les besoins de l'ouvrier, qu'ils nuiraient à la perfection de l'ouvrage ou à la rapidité de l'exécution, et surtout parce que les ouvriers ne les adopteraient point; car il est de fait que l'ouvrier français préfère toujours le moyen expéditif et simple, quoique dangereux, au moyen plus salubre, mais plus compliqué. L'amour-propre lui fait d'ailleurs rejeter l'usage des précautions les plus ordinaires; il est peu d'ateliers où on ne se moque de l'ouvrier qui soigne sa santé, et les choses y deviennent ordinairement au point qu'il est bientôt obligé de faire comme ses camarades, et de refuser les moyens de salubrité qui lui sont offerts. Il faut donc rendre, autant que possible, ces moyens indépendans de sa volonté, et éviter ainsi les causes de l'opposition due à la routine; car c'est, je crois, le seul obstacle qui reste à vaincre pour atteindre le but proposé.

CHAPITRE XVII.

DESCRIPTION des modèles et des échantillons joints à ce Mémoire (1).

EN appliquant au perfectionnement des ateliers de doreurs les moyens de salubrité cités dans le cours de ce Mémoire, on se trouve

---

(1) J'avais d'abord eu l'intention de supprimer ce chapitre en faisant imprimer ce Mémoire ; mais j'ai ensuite pensé que les échantillons et les modèles dont il s'agit, étant déposés au Conservatoire des Arts et Métiers, rue Saint-Martin, y étant exposés publiquement, et pouvant être ainsi examinés à volonté, il était mieux d'en publier la description, et de laisser cette partie du Mémoire telle qu'elle a été présentée à l'Académie.

J'invite les doreurs et les fumistes qui voudront construire de nouvelles forges à bien étudier ces modèles. Ils sont faits en bois, et sur une échelle assez grande pour qu'on puisse facilement comprendre tous les détails de construction qu'ils représentent. Les descriptions que contient ce chapitre rempliront d'ailleurs parfaitement ce but, et pourront même donner l'idée de quelques améliorations que j'ai eu soin d'y indiquer.

continuellement obligé de varier les constructions et d'arranger les appareils pour les localités. C'est cette difficulté d'appliquer le même principe de mille manières différentes qui est en grande partie cause du peu de progrès qu'a fait dans les ateliers l'art de les rendre aussi peu insalubres que possible. Il ne faut donc pas se contenter d'indiquer le principe à suivre dans ces constructions; il vaut mieux multiplier les exemples, afin que chaque doreur puisse choisir celui qui présente le plus de rapport avec la position dans laquelle se trouve son atelier. C'est pour arriver, autant que je puis le faire, à ce but, que j'ai joint à ce Mémoire les trois modèles différens dont je vais donner la description.

Modèle n° 1.

Ce modèle représente une forge ordinaire de doreur sur bronze.

a. Côté de la forge où s'allume le feu de charbon de bois, et où se chauffent les pièces de bronze couvertes d'amalgame dont on veut volatiliser le mercure. On y place aussi le *plateau à brosser*, et on y brosse les pièces de bronze chaque fois qu'on les retire de dessus le feu.

b. Est le fourneau d'appel construit sous la hotte pour régulariser le tirage. La petite cheminée *i* de ce fourneau d'appel est construite en briques jusqu'à la hauteur de cinq à six pieds, mais au-dessus on ne la fait qu'en tuyaux de tôle ordinaire ; le tuyau doit monter à peu près jusqu'au tiers de la hauteur de la cheminée de la forge, et doit être placé au centre du vide de cette cheminée, et isolé par conséquent des quatre murs.

c. Plaque de fonte chauffée par le feu de charbon de terre allumé dans le fourneau d'appel *b*. Cette plaque est percée d'un trou sur lequel on pose le poêlon au *mat,* lorsqu'on veut faire fondre cette composition, ou un vase quelconque dont on desire échauffer le contenu. En fermant le trou par une rondelle en tôle, la plaque de fonte sert d'étuve. On peut alors y faire sécher les pièces de bronze dorées, après les différens lavages qu'on leur fait subir. En chauffant fortement cette plaque, on peut encore y *passer* les pièces de bronze plates ou de petites dimensions, aussi bien qu'on le fait maintenant en les posant sur des charbons de bois allumés.

d. Fente horizontale ouverte dans le bas de la cheminée *i* du fourneau d'appel. Le tirage de ce fourneau oblige l'air extérieur à entrer par cette fente et à passer par la petite cheminée pour se rendre dans la cheminée générale de la forge. On a ainsi le moyen de se débarrasser des vapeurs nuisibles que donnent la préparation de la dissolution mercurielle, celle de l'amalgame, etc., comme nous l'avons expliqué dans les chapitres où ces opérations se trouvent décrites.

e, e. Petites cheminées d'appel servant à établir un courant d'air au-dessus des baquets *g* et *h*, et à entraîner sous la hotte les vapeurs nuisibles ou désagréables qui peuvent s'en élever.

f. Fourneau à mettre au *mat*. On peut économiser beaucoup en le chauffant avec du coak ou charbon de terre épuré.

g. Baquet à dérocher.

h. Baquet à mettre au *mat*. Lorsqu'on se sert d'un tonneau, on doit le placer comme on le voit en *i*, *figures* 1, 2 et 3, *planche IV*.

i. Cheminée du fourneau d'appel.

k. Fenêtres vitrées donnant sur une cour, sur une rue ou sur un jardin, etc., servant à éclairer l'intérieur de la forge.

l. Châssis garni de carreaux pour diminuer l'ouverture de la forge, sans empêcher l'ouvrier d'y voir les pièces de bronze, etc., et d'y suivre les opérations dont il est chargé. On se sert en outre de rideaux pour augmenter à volonté la vitesse du courant d'air; on voit la disposition de ces rideaux en *h*, *h*, *planche III*, et *figure* 1, *planche IV*.

Dans ce modèle, le courant d'air établi sous la hotte, par le moyen du fourneau d'appel, entraîne au dehors toutes les vapeurs nuisibles. Le fourneau d'appel est *le gouvernail* de cet appareil. On peut, en chauffant plus ou moins ce fourneau, accélérer ou ralentir le courant d'air, et par conséquent celui des gaz délétères que l'on veut éloigner de l'atelier. On n'a ici aucun moyen de recueillir directement le mercure; ce métal, divisé à l'infini, se trouve, comme dans les cheminées ordinaires de doreurs, mélangé à la suie et aux ordures qui sont entraînées et déposées par le courant d'air sur les parois de la cheminée. La construction de cet appareil donnerait le moyen de remplacer le charbon de bois par le charbon de terre, ce qui ferait une grande économie sur la dépense en combustible, et ce qui diminuerait la quantité d'acide carbonique formé autour des mains de l'ouvrier doreur.

Modèle n° 2.

Ce modèle représente une forge de doreur

construite dans l'angle formé par deux gros murs, et dans une situation différente de celle qui est représentée dans le modèle n° 1 ; les mêmes lettres indiquent ici les mêmes objets que ceux dont il a été parlé dans la description précédente : nous n'en ferons donc plus mention, et nous ne parlerons en détail que des différences qui existent entre les deux appareils.

Le fourneau d'appel *b* est construit dans ce modèle pour y brûler à volonté le combustible à *flamme renversée*. On suppose les deux portes du fourneau bien bouchées ; le combustible allumé sur la grille *o* du fourneau d'appel *b* brûle à flamme renversée comme dans le fourneau de Dalesme, et de la même manière que le bois brûle sur les alendiers des fours à porcelaine, etc. etc. La flamme et la fumée passent sous la plaque de fonte *c* pour se rendre dans la cheminée *i* du fourneau d'appel *b*.

L'ouvrier doreur *passe* les pièces chargées d'amalgame sur les charbons allumés sur la grille *o*; les vapeurs mercurielles suivent la marche renversée de la flamme, passent avec la fumée sous la plaque de fonte, et sont portées par la cheminée *i* dans la cheminée générale de la forge.

Ce fourneau peut encore servir pour *passer* les pièces de bronze par le procédé ordinaire ; il suffit pour cela de remplacer la grille o par une plaque de tôle qui sert à boucher l'ouverture que l'on voit pratiquée dans la plaque de fonte au-dessus du foyer du fourneau b. On se sert alors de ce fourneau d'appel, comme nous l'avons dit à la description du modèle n° 1, et on y *passe* les pièces de bronze en les faisant chauffer sur un feu de charbon ou sur la plaque de fonte c, chauffée assez fortement en dessous au moyen du charbon de terre.

La plaque de fonte c étant chauffée sur une grande longueur, donne le moyen de faire aisément sécher les pièces de bronze après leur lavage, d'entretenir chaud le poêlon au *mat*, etc. Cette plaque chauffée favorise aussi le service du fourneau à mettre au *mat*, f, et contribue à accélérer le courant d'air de la forge, etc.

Je n'ajouterai rien à cette description ; celle du modèle n° 1 peut servir à la compléter. On ne présente encore ici aucun moyen pour recueillir directement le mercure, mais nous verrons plus bas la description de deux appareils destinés à remplir ce but.

Modèle n° 3.

Ce modèle représente un appareil au moyen duquel le doreur peut retrouver la plus grande partie du mercure qu'il emploie.

Nous supposons l'atelier élevé au-dessus du sol au moins de un ou deux mètres.

La forge est construite à peu près comme celle du modèle n° 1. Le trou pratiqué dans la plaque de fonte, au lieu d'être au-dessus du foyer, est en m sur le côté, un peu à droite. Le fourneau d'appel b se chauffe comme les fourneaux ordinaires, et les pièces de bronze couvertes d'amalgame se *passent* en c sur la plaque de fonte fortement chauffée en dessous, ou couverte, si on le préfère, de petits charbons allumés. Cette partie c de la plaque de fonte où se fait cette opération, est recouverte par une espèce de moufle en tôle o, dont la partie supérieure est arrangée en caisse pour recevoir du charbon en poudre ou des cendres, etc., destinés à en ralentir le refroidissement. On peut même se servir de cette caisse pour élever la température de la moufle en tôle; il suffit pour cela de remplacer les cendres, etc., par du charbon allumé, comme on le fait dans nos cuisines lorsqu'on s'y sert du four de campagne.

Le mercure qui se réduit en vapeurs sous la

moufle de tôle o, prend la même direction que le courant d'air qui y est établi, monte dans le tuyau de tôle p, dépasse la partie horizontale de ce tuyau, et redescend en le suivant dans sa position renversée p' : en s'éloignant du foyer, le mercure se condense; la portion qui redevient fluide dans le tuyau montant, retombe en bas du tuyau et coule par un petit tube qui y est fixé, jusque dans un vase rempli d'eau, placé sous la paillasse de la forge, derrière le fourneau d'appel b.

Le mercure qui se condense en suivant le tuyau de tôle descendant p', tombe dans le baquet q, qui est placé au pied du gros mur de la maison, dans une cour ou dans un jardin, etc. Ce tuyau de tôle, faisant siphon, et agissant d'après les mêmes lois, remplit parfaitement le but que l'on se propose. Il est inutile de dire qu'en alongeant la branche descendante, on augmente à volonté le tirage sous la moufle o; ce qui est souvent nécessaire dans le cas dont nous parlons, parce qu'il faut toujours, pour que l'appareil fonctionne bien, que le courant d'air descendant dans le tuyau de tôle p' soit plus fort que celui qui monte dans la cheminée générale de la forge. Je renvoie à la description du modèle n° 1 pour l'explication des lettres dont nous n'avons pas parlé ici, parce qu'elles représentent les mêmes objets dans les trois modèles.

Boîte n° 4.

Cette boîte à coulisse contient les échantillons qui ont servi à déterminer la composition la plus convenable à employer pour la fabrication des bronzes dorés. Le tableau n° 1 qui est placé à la fin du Mémoire, et les étiquettes que l'on trouve dans la boîte au-dessus de chaque case, donnent tous les renseignemens que l'on peut desirer au sujet de cette collection.

Boîte n° 5.

Cette boîte s'ouvre à coulisse comme la boîte n° 4; elle contient douze échantillons qui représentent la série des diverses opérations que pratique le doreur sur bronze. Ces échantillons sont tous coulés avec l'alliage trouvé le plus convenable pour la fabrication des bronzes dorés, et qui est porté sous le n° 7 dans la boîte n° 4. Les étiquettes qui sont au-dessus de chaque échantillon indiquent l'opération que chacun d'eux représente. On trouve d'ailleurs à ce sujet tous les détails nécessaires en lisant les différens chapitres du Mémoire où il est parlé des procédés que pratique l'ouvrier doreur.

BOÎTE Nº 6.

Cette boîte contient des échantillons de feuilles d'or enlevées de dessus des bronzes dorés; on y voit aussi des morceaux de bronze dorés dont l'or a été enlevé par les procédés décrits au chapitre XIV.

CHAPITRE XVIII.

Des appareils salubres que j'ai fait construire dans des ateliers de doreurs à Paris, et des applications que j'ai eu occasion de faire des mêmes moyens au perfectionnement d'autres constructions et à l'assainissement des ateliers de quelques autres arts.

La partie du programme qui exige que les concurrens exécutent en grand à Paris les appareils qu'ils proposent, est de difficile exécution; les doreurs ne sont pas en général bien fortunés, et ceux qui le sont ne travaillant pas eux-mêmes, sentent moins le besoin de perfectionner les appareils dont leurs ouvriers font usage.

Il est en outre assez rare de trouver un local convenable pour y développer tous les moyens de salubrité. Les ateliers de doreurs que j'ai pu visiter, sont, en général, établis dans de mauvaises localités; ils manquent presque tous d'air, et, resserrés entre des maisons voisines, il est difficile d'y exécuter les constructions nécessaires pour les assainir complétement, et presque impossible d'y recueillir le mercure qui se réduit en vapeurs à la forge à *passer*.

Cette partie du programme ne pouvait pour ainsi dire être bien remplie que par un doreur aisé, organisant à neuf son atelier, et capable par lui-même, ou par les conseils d'autrui, de le mettre au courant de la science. J'ai eu cependant à peu près le même avantage : membre d'un conseil spécialement chargé de veiller à la salubrité de la ville, j'ai trouvé dans l'exécution du décret du 15 octobre 1810 et de l'ordonnance du 14 janvier 1815, les facilités nécessaires pour remplir les intentions de l'Académie. J'ai demandé à S. Ex. le ministre d'Etat, préfet de police, que l'on l'on exigeât à l'avenir des doreurs qui voudraient ou s'établir ou changer de local, de construire des appareils salubres, et j'ai trouvé de suite l'occasion de mettre en pratique, pour ces ateliers, les moyens que j'avais déjà appliqués avec succès dans beaucoup d'autres.

Le premier atelier que j'ai été chargé de perfectionner est celui de M. D'Artois, place des Victoires, n° 4. On voit *planche III* une élévation de la forge que j'y ai fait construire; la localité était aussi mauvaise que possible, je n'ai point pu y faire tout ce que j'aurais voulu; cependant cet atelier est maintenant parfaitement salubre, et les ouvriers qui travaillent depuis le mois d'octobre 1817 dans un local aussi reserré s'y portent bien et ne sont plus tourmentés par les vapeurs nuisibles qu'ils respiraient dans leur ancien atelier.

L'inclinaison de la cheminée de la forge m'a obligé à placer le fourneau d'*appel* en dehors de cette forge, afin de conduire plus directement l'air chaud dans la grande cheminée. Le tonneau au *mat* a été placé, comme on le voit en *i*, sous le manteau de la forge, et par conséquent sous l'influence du courant d'air préservateur, et j'ai fait adopter chez M. D'Artois la dissolution mercurielle saturée en remplacement de l'acide nitrique chargé d'un peu de mercure, qu'on y employait pour appliquer l'amalgame sur la pièce de bronze. Il ne reste que peu de choses à faire pour compléter cet atelier ; il y faudrait introduire de l'air pris dans la cave, et l'échauffer en hiver en le faisant passer dans un poêle à bouche de chaleur ; il y faudrait encore construire une petite hotte au-dessus de la table où l'ouvrier se place pour appliquer l'amalgame sur le bronze. Le baquet à dérocher y aurait dû être placé en *R* ou *R'*, *planche III*, sous un des compartimens de la forge, comme on le voit en *d*, *figures* 1 et 3, *planche IV*; mais la paillasse de la forge était construite quand j'ai été appelé, et il n'était plus temps de faire cette disposition.

Je terminerai ce que j'ai à dire ici de l'atelier de M. D'Artois en citant la pièce où travaille l'argenteur ; cette pièce se trouve à côté de l'atelier du doreur ; je l'ai de même assainie et débarrassée des vapeurs nuisibles dans lesquelles les ouvriers se trouvaient continuellement plongés. Les moyens simples employés prouvent l'utilité d'une inspection générale des ateliers insalubres, et le bien que l'on pourrait y faire en y appliquant les moyens de salubrité les plus ordinaires.

Le second atelier que j'ai été chargé de visiter est celui que MM. Denière et Matelin voulaient faire construire rue d'Orléans, n° 9. J'ai choisi le local, j'ai donné les plans de la forge; tout a été construit, autant que possible, selon mon desir; et je dois des remerciemens et des éloges à M. Denière, qui a parfaitement senti l'importance de ma mission, et qui a tout fait pour me mettre à même de la bien remplir.

La forge de MM. Denière et Matelin est séparée en deux compartimens; la forge à *passer* est à la gauche, et la forge à mettre au *mat* est à la droite de l'ouvrier, comme on le voit en *a* et *o*, *fig.* 1, 2 et 3, *planche IV*. Cette distribution a été adoptée pour éviter les taches de mercure que recevraient les pièces dorées si on les mettait au *mat* sous le même manteau de cheminée où l'on passe au feu les pièces chargées d'amalgame. J'ai réuni dans la construction de cette forge presque tous les moyens de salubrité indiqués dans ce Mémoire. J'ai fait construire à part, dans un endroit obscur, la forge à recuire, et j'ai placé sous la paillasse de cette forge le baquet à dérocher, en établissant, pour ces deux opérations, un courant d'air indépendant de celui de la grande cheminée (1).

─────────────

(1) On voit cette disposition en *b* et *d*, *figures* 1,

J'ai recommandé de placer le tonneau à mettre au *mat* sous une hotte en bois communiquant avec la grande forge, comme on le voit en *i*, *figures* 1, 2 et 3, *planche IV*. Cette disposition n'est pas encore faite, mais il suffirait de quelques heures pour terminer cette partie de l'atelier, où il ne restera alors, pour en faire un modèle complet, qu'à y établir une hotte en planche sur la table à dorer, et une petite hotte particulière pour faire sécher les pièces lorsque la dorure en est achevée : on pourra même se contenter de cette dernière construction, parce que les ouvriers de cet atelier ayant adopté l'usage de la dissolution mercurielle, n'ont plus maintenant à redouter les vapeurs délétères qu'ils respiraient en travaillant autour de la table à dorer.

La troisième forge de doreur que j'ai été chargé de faire construire, est celle de M. Lambert, rue Saint-Sauveur, n° 30. M. Lambert est le premier doreur qui se soit servi des

---

2 et 3, *planche IV*. La localité seule m'a empêché de placer comme dans le dessin toutes les forges sur la même ligne et à la suite les unes des autres. Chez MM. Denière et Matelin, la forge à recuire est construite derrière la forge à mettre au *mat*.

nouvelles forges. Il était chargé de l'atelier de dorure chez M. D'Artois, place des Victoires, n° 4. Ayant vu dans cet atelier combien les procédés proposés étaient parfaits, il conçut le projet de monter une forge de doreur dans son appartement, et de travailler ainsi à son compte, sans changer de local. La petite forge de M. Lambert remplit bien son but. Il ne faudrait, pour la rendre parfaite, que couvrir le tonneau au *mat*, et construire une petite hotte pour faire recuire les pièces de bronze et pour faire sécher ces pièces lorsque la dorure en est achevée.

Je ne donnerai que ces trois exemples d'appareils en grand en activité chez des doreurs à Paris ; mais je citerai encore un appareil en petit que j'ai cru devoir faire construire pour servir de modèle aux doreurs de cadres, de platines et roues de montre, de faux bijoux en cuivre et d'autres petits objets.

J'ai fait monter cet appareil chez Mme Liquière, place Saint-André-des-Arcs, n° 26. Il consiste en une boîte en tôle dans laquelle l'on *passe* les pièces couvertes d'amalgame. On en voit tous les détails aux *planches V* et *VI*, et on comprendra facilement le jeu de cet appareil en en lisant la description qui se trouve donnée à la fin de l'explication des Planches jointes à ce Mémoire.

Ce petit appareil, lorsqu'il est bien placé et bien conduit, est parfaitement salubre, et donne le moyen de recueillir une grande partie du mercure que le doreur emploie. Je le crois meilleur que le *préservateur* proposé par M. de Tingry et que l'appareil que l'on doit à M. Robert Guedin, et je pense qu'il suffit pour assainir complétement les ateliers où l'on n'a à dorer que des objets de petite dimension.

La perfection de cet appareil est moins due à sa construction qu'à la manière dont on en fait usage. Il faut, pour qu'il donne de bons résultats, que le courant d'air ascendant y puisse être régulièrement établi; ce qui n'est point dans les appareils proposés par MM. de Tingry et Robert Guedin.

Lorsqu'on veut placer un de ces petits appareils dans une chambre, on doit donc commencer par faire mettre un bon vasistas à une des croisées, comme nous l'avons dit au chapitre XVI.

Le tuyau de tôle de l'appareil peut se rendre ou dans une cheminée, ou au dehors en passant par un des carreaux de la fenêtre. Dans les deux cas, ce tuyau doit être terminé par un coude à branche verticale, comme on le voit en *a, figure 4, planche IV*. On peut y accélérer le courant d'air à volonté, en y introduisant au-dessous le bout du verre d'un quinquet *b*; car ce quinquet allumé portera de l'air chaud dans l'intérieur du tuyau de tôle et y déterminera l'aspiration. Lorsque le tuyau de l'appareil est placé dans une cheminée, on peut en assurer le tirage en bouchant exactement le bas de cette cheminée, et en y construisant même, dans les cas les plus difficiles, un petit fourneau d'*appel* pour l'été seulement; car le tuyau du poêle de l'atelier que l'on doit y placer comme nous venons de le dire, remplira très-bien le même but pendant tout l'hiver.

Je crois utile de ne point terminer ce chapitre sans citer quelques constructions perfectionnées par les moyens que je conseille d'employer; ce sera presque prouver qu'on peut être assuré du succès en les suivant, et ce n'est par conséquent point trop m'éloigner de la question.

La pièce justificative n° 3 contient la description d'un grand appareil construit à Lyon pour la fabrication des cendres gravelées (1).

---

(1) Voyez *Bulletin de la Société d'Encouragement*, 14ᵉ année, n° 130, avril 1815, page 87.

Il pourrait servir de forge de doreur pour y dorer des pièces de grande dimension. Le courant d'air y est si rapide que l'on n'aurait rien à y craindre du mercure vaporisé, même en très-grande quantité à la fois. Ce fourneau a parfaitement rempli son but, comme le prouve le rapport qui est joint à la description.

La pièce cotée n° 4 contient la description des appareils fumigatoires construits à l'hôpital Saint-Louis. On trouve dans cet imprimé (1) tous les détails nécessaires pour prouver combien on a réussi à établir pour le jeu de ces appareils tous les courans d'air dont on a eu besoin. Des boîtes fumigatoires semblables ont été construites depuis au Val-de-Grâce, à l'Hôtel-Dieu, dans d'autres hôpitaux et dans beaucoup de maisons particulières où elles ont rendu les mêmes services qu'à l'hôpital Saint-Louis.

J'indiquerai encore comme modèles les lieux d'aisances publics établis rue des Filles-Saint-Thomas, presque en face du passage Feydeau; la désinfection des latrines des hôpitaux; le grand appareil salubre du labo-

---

(1) Ce Mémoire se vend chez Mme Huzard, rue de l'Éperon-Saint-André-des-Arcs, n° 7.

ratoire des essais de la Monnaie ; l'appareil monté, il y a quelques années, dans une fabrique de bleu de Prusse, rue de Montreuil, n° 29 ; l'appareil du même genre construit dans la fabrique de M. Bobée, à Choisy-le-Roi, etc. Je pourrais citer une foule d'autres applications des mêmes principes, mais il serait trop long de les rapporter (1). Les lettres contenues dans la liasse cotée *pièces justificatives* n° 2, suffisent pour prouver que ces constructions ont toujours servi à assainir les ateliers et les habitations où elles

---

(1) Le fourneau d'*appel* qui fait la base des moyens de salubrité que je propose, est employé de temps immémorial pour renouveler l'air dans les galeries des mines les plus profondes. On s'en est servi pour rendre moins insalubre la vidange des fosses d'aisance, etc. etc. Je n'ai fait ici que l'application de ce moyen bien connu à l'assainissement des ateliers de doreurs : il remplirait évidemment le même but aussi facilement et avec autant d'avantages dans ceux de chapeliers, pour détruire l'insalubrité qui naît du *secretage* des poils et du *baguettage* des chapeaux ; chez les broyeurs de couleurs, chez les miroitiers *metteurs au tain*, dans une foule d'autres ateliers des arts et métiers, et enfin dans nos cuisines, qui sont presque toujours rendues insalubres par les vapeurs que donne le charbon brûlé sur les fourneaux ordinaires.

ont été adoptées. L'explication des figures que nous donnerons bientôt servira d'ailleurs de développement à ce chapitre.

CONCLUSION.

Voilà ce que j'ai pu faire jusqu'ici pour remplir les intentions de l'Académie (1); j'espère que de nouvelles demandes me seront bientôt renvoyées. Je ferai tout ce qui dépendra de moi pour multiplier les exemples; car le travail qui m'occupe m'a de nouveau démontré le peu de cas que les ouvriers font des conseils qu'on leur donne toutes les fois que l'expérience ne leur en démontre pas d'avance la bonté. J'aurais voulu rédiger moins longuement ce Mémoire; mais habitué

---

(1) On trouvera en tête de ce Mémoire la liste des ateliers de doreurs où l'on a depuis fait construire des appareils salubres. En les décrivant je tomberais nécessairement dans des répétitions fastidieuses que je puis éviter en indiquant les adresses de ces ateliers, et en invitant les doreurs à aller les visiter.

aux travaux métallurgiques et à l'application de la chimie aux arts, le sujet m'était familier, et je me suis vu gêné par l'abondance des idées, et souvent entraîné plus loin que je n'aurais voulu.

Chargé de diriger de grandes entreprises manufacturières, et trop occupé à les mettre en activité, je ne comptais concourir qu'en 1818, dans le cas où le prix proposé par l'Académie serait encore remis cette année. Je croyais le concours fermé au 1er octobre 1817; je n'ai su le contraire qu'au commencement de novembre, et ce n'est qu'alors que j'ai pu penser à me mettre sur les rangs. Le peu de temps que j'ai eu pour me préparer, pourra peut-être me servir d'excuse pour les fautes de rédaction que présente mon Mémoire, et pour les articles qui y sont faiblement traités. Je réclame toute l'indulgence de l'Académie : si j'obtenais son suffrage, ce serait une obligation sacrée pour moi de compléter mon travail et de le rendre aussi digne que je pourrais le faire de paraître sous ses auspices.

Je ne terminerai pas ce Mémoire sans exprimer les regrets sincères que j'éprouve de n'avoir point connu M. Ravrio. Il avait l'expérience qui me manque; son goût pour les arts industriels, son amour de l'humanité, la compassion que lui inspirait le sort de ses ouvriers, tout eût contribué à réunir nos moyens. J'aurais profité de ses avis; j'aurais certainement mieux rempli le but qu'il s'est proposé; il aurait joui du succès qui aurait été en grande partie son ouvrage, et le bonheur de ses ouvriers aurait au moins rendu ses derniers jours plus heureux.

FIN.

TABLEAUX I et II.

TABLEAU N° I. *Expériences citées dans le Chapitre premier.*

	SUBSTANCES MÉTALLIQUES SEULES OU ALLIÉES.			PESANTEURS SPÉCIFIQUES.	OPINION du FONDEUR.	OPINION du CISELEUR.	OPINION du TOURNEUR.	OPINION du DOREUR.	POIDS DES PIÈCES avant la dorure.	POIDS DES PIÈCES après la dorure.	QUANTITÉ D'OR que les pièces ont reçue.	OBSERVATIONS.
Cuivre.	Zinc.	Étain.	Plomb.									
100.	.....	.....	.....	8,700.	Difficile à fondre et coulant pâteux.	Trop mou, graissant l'outil.	Idem.	Employant trop d'or.	137,150.	137,820.	0ᵍʳ,670.	
70.	30.	.....	.....	8,443.	Coulant trop pâteux.	Bon, mais un peu mou.	Idem.	Bon.	142,660.	143,110.	0,450.	
80.	.....	20.	.....	8,940.	Très-facile à fondre et coulant parfaitement.	Très-mauvais et très-sec, très-cassant.	Mauvais et trop dur à couper.	Mauvaise couleur, se dérochant mal ; l'amalgame s'y applique trop difficilement.	159,800.	160,260.	0,460.	(1) L'alliage n° 3 est l'alliage n° 3 soumis à la *trempe*.
(1) 80.	.....	20.	.....	8,920.	Un peu meilleur que le n° 3.	Idem.	Idem.	De même qu'au n° 3.	148,164.	148,930.	0,766.	(2) Les alliages n°ˢ 9 a et b m'avaient été remis par M. Dussaussoy comme bronze trouvé très-bon par M. Thomire.
90.	.....	10.	.....	8,780.	Coulant un peu difficilement.	Assez bon.	Assez bon.	Mauvaise couleur, mais assez bon du reste.	141,604.	142,315.	0,711.	Les alliages n°ˢ 10 a et b m'ont été remis de même, mais comme échantillons de bronze trouvé mauvais.
63,70.	33,55.	2,5.	0,25.	8,395.	Bon alliage.	Bon.	Très-bon.	Très-bon, belle couleur.	148,837.	149,420.	0,583.	(3) Analyse de l'alliage employé par les frères Keller.
82.	13.	3.	1,5.	8,215.	Très-bon alliage.	Très-bon.	Très-bon.	Très-bon, très-belle couleur.	143,987.	144,625.	0,638.	(4) Alliage proposé par M. Léonard Toussy. La fonte n° 4 contient les huit premiers échantillons cités dans ce Tableau.
64,45.	32,44.	0,25.	2,86.	8,542.	Très-bon alliage, comme le n° 6.	Idem.	Idem.	Idem.	147,010.	147,610.	0,600.	On voit que les pièces n°ˢ 1, 4 et 5 sont celles qui ont absorbé le plus d'amalgame ; ce sont les pièces fondues en cuivre rouge, en alliage de cuivre et d'étain, soumis à la trempe, et en métal à canon, ce qui s'accorde bien avec l'opinion des ouvriers doreurs.
(2) a.. 70,90.	24,05.	2,00.	3,05.	8,392.								On ne peut pas, au reste, beaucoup compter sur les résultats consignés dans ce Tableau, à cause des erreurs qui peuvent naître :
b.. 72,43.	22,75.	1,87.	2,95.	8,275.								1°. De la dissolution du bronze lorsqu'on passe la pièce au mat ;
a.. 70,19.	26,21.	1,41.	2,19.	8,249.								2°. Des inégalités dans l'application de l'amalgame ;
b.. 69,87.	26,95.	1,53.	1,65.	8,262.								3°. Du peu d'or que l'on met sur chaque pièce, et qui, en augmentant à peine son poids, rend les différences trop peu sensibles.
(3) 91,40.	5,53.	1,70.	1,37.	.....								On voit cependant que le doreur peut employer, sans grand inconvénient, le cuivre rouge et presque tous les alliages de cuivre, d'étain, de zinc et de plomb, mais qu'il n'en est pas de même du fondeur, du ciseleur, du tourneur et du bronzeur, qui ont besoin de trouver certaines propriétés dans l'alliage qu'ils emploient. Il faut donc choisir, entre tous les alliages, celui où les qualités nécessaires se trouvent réunies dans la proportion la plus convenable pour satisfaire le mieux possible à toutes les conditions.
(4) 82,257.	17,481.	0,238.	0,024.	.....								

TABLEAU N° II. *Expérience complète faite sur trois patères en alliage ordinaire, en les pesant après chacune des opérations que pratique l'ouvrier doreur.*

Numéros.	Patères ciselés.	Patères recuits.	Patères dérochés à blanc.	Patères dorés sur buis.	Patères gratte-bossés.	Patères mis au mat.	Patères avec filets brunis.	OBSERVATIONS.
1.	147,650.	147,660.	147,010.	147,610.	147,610.	147,330.	147,320.	On peut conclure des expériences rapportées dans ce tableau :
2.	142,600.	142,650.	142.	142,690.	142,680.	142,450.	142,445.	1°. Que le recuit augmente le poids de la pièce, et que par conséquent il y a oxidation du métal, ce qui peut être désavantageux ;
3.	162,430.	162,430.	162,040.	162,700.	162,690.	162,500.	162,500.	2°. Que le dérochage en diminue le poids ;
								3°. Que le gratte-bossage diminue aussi le poids de la pièce dorée sur *buis* ;
								4°. Que la mise au mat attaque fortement la pièce et en diminue beaucoup le poids ;
								5°. Que l'opération du bruni ne change pas sensiblement le poids des pièces de bronze dorées.

EXPLICATION *des figures contenues dans les Planches jointes à ce Mémoire.*

PLANCHE PREMIÈRE.

Figure 1. Pinceau à dérocher : il se fait dans les ateliers de doreurs avec les débris de la brosse à *passer, figure* 10. Il sert à nettoyer la pièce de bronze, après l'avoir séchée dans la tannée, etc. On emploie des pinceaux pareils pour *épargner*, pour l'opération du *bruni*, du *mat*, etc.

Fig. 2. Terrine ordinaire : on s'en sert pour mettre l'acide nitrique dont on fait usage pour dérocher la pièce de bronze. Ces terrines servent encore à contenir l'eau dans laquelle on lave les pièces de bronze après y avoir appliqué l'amalgame, etc.

Fig. 3. Creuset dans lequel on prépare l'amalgame.

Fig. 4. Crochet en fer pour agiter l'amalgame au moment de sa préparation : on s'en sert encore pour arranger le feu de charbon sur la forge et pour retirer du feu les pièces de bronze que l'on fait recuire, etc.

Fig. 5. Petite terrine en grès que l'on emplit d'eau et où on jette l'amalgame en la sortant du creuset : on y lave l'amalgame et on l'y comprime avec les deux pouces : c'est dans des terrines pareilles que l'on verse l'acide nitrique et la dissolution mercurielle qui servent à appliquer l'amalgame sur le bronze déroché.

Fig. 6. Plat de terre en poterie commune, sur le bord duquel on met l'amalgame au moment où l'on veut commencer à dorer la pièce de bronze.

Fig. 7. Gratte-bosse à dorer faite avec du fil de cuivre jaune très-fin : on s'en sert pour prendre l'amalgame sur le bord du plat et pour en couvrir le bronze.

Fig. 8. Pinces nommées *moustaches* : on s'en sert pour mettre la pièce de bronze, couverte d'amalgame, sur le feu de charbon, pour l'en retirer, pour la porter dans la main gauche de l'ouvrier doreur et pour la reporter sur le feu, après l'avoir bien brossée en tout sens. Cette pince sert encore à arranger le feu, etc.

Fig. 9. Gant en peau épaisse et bien matelassé en dessous : l'ouvrier le met à sa main gauche et s'en sert pour prendre, sans se brûler, la pièce de bronze couverte d'amalgame lorsqu'on la retire du feu pour la brosser.

Fig. 10. Brosse à manche long dont on se sert pour étendre également l'amalgame sur la pièce de bronze lorsqu'on la *passe* au feu. Lorsque cette brosse commence à s'user, on s'en sert pour tous les autres usages de l'atelier, et on en fait enfin tous les pinceaux dont on y a besoin.

Fig. 12. Gratte-bosse à gratte-bosser : elle est faite en fil de cuivre jaune, plus gros que celui qui sert à faire les gratte-bosses à dorer.

Fig. 13. Même gratte-bosse montée sur un manche de bois.

Fig. 15. Tringle de fer à laquelle on attache les pièces de bronze dorées pour les mettre au *mat* : on s'en sert aussi pour retirer du feu les pièces de bronze que l'on fait recuire, etc.

Fig. 18. Brunissoirs : il y en a de beaucoup d'autres formes et grandeurs.

Fig. 21. Pipette en verre servant à peser juste et sans peine la quantité de mercure dont l'ouvrier doreur a besoin. Il doit se servir de cet outil comme les marchands de vin se servent de leur *pompe des celliers*.

PLANCHE II.

Figure 11. Plan, coupe et élévation du plateau de bois au-dessus duquel on brosse les pièces de bronze couvertes d'amalgame que l'on fait chauffer à la forge à *passer*.

Fig. 14. Plan et élévation du baquet dans lequel on gratte-bosse les pièces de bronze dorées sur *buis* ou mises en couleur : l'ouvrier pose la pièce sur la planche *a* qui est placée horizontalement dans le baquet à la surface de l'eau, et l'y frotte en tout sens avec la gratte-bosse à gratte-bosser, *figures* 12 et 13, *planche I.*

Fig. 16. Grille de fer du fourneau à mettre au *mat*.

Fig. 17. Tonneau rempli d'eau où se plongent les pièces de bronze dorées que l'on met au *mat*. Ce tonneau est fermé au-dessus par un couvercle en bois qui empêche les éclaboussures de se répandre au dehors dans le moment où l'on plonge la pièce dans l'eau.

Fig. 19 et 20. Poêle en fonte et grillage en fil de fer dont on se sert pour faire sécher les pièces de bronze dorées. On allume de la braise dans la poêle et on la couvre avec le grillage sur lequel on pose les pièces que l'on veut faire sécher.

PLANCHE III.

PLANCHE III.

Élévation de la forge de doreur que j'ai fait construire dans l'atelier de M. D'Artois, fabricant de bronzes, place des Victoires, n° 4. Les ouvriers doreurs y travaillent depuis le 28 octobre 1817.

a. Intérieur de la forge.

b. Fourneau d'*appel* placé en dehors de la forge : il sert à bien établir le tirage de la cheminée et à chauffer en outre une chaudière qui est placée au-dessus du foyer. Le tuyau *c* de ce fourneau est fait en tôle et est revêtu d'une poterie pour en empêcher le refroidissement; il est muni d'une clef ou soupape *d* qui sert à en régulariser le tirage.

e. Tuyau de tôle prenant de l'air dans la cheminée de la forge et le portant sous le cendrier *f* du fourneau *b;* la porte de ce cendrier étant fermée, la combustion ne peut s'opérer dans le foyer du fourneau qu'au moyen de l'air qui y est conduit de la forge au cendrier par le tuyau *e*. Cette disposition procure l'avantage de n'introduire dans la cheminée de la forge que l'air qui entre par l'ouverture de cette forge, ce qui contribue beaucoup à augmenter la vitesse du courant d'air, et par conséquent la salubrité de l'atelier.

g. Espèce de fourneau mobile dont on se sert pour passer au *mat* les pièces de bronze dorées : on couvre de charbons allumés le sol de la forge, au-dessous de la grille, entre les deux montans en brique, et on charge de même le dessus de la grille, *figure* 16, *planche I*, ce qui forme une espèce de moufle où s'exposent les pièces de bronze couvertes de *mat*.

h. Rideau de toile qui sert à fermer la partie du devant de la forge où l'ouvrier ne travaille pas : on accélère ainsi, à volonté, le courant d'air à la partie de l'ouverture de la forge que le rideau ne ferme point. On peut mettre quelques balles de plomb au bas de ce rideau pour empêcher le courant d'air de l'entraîner dans la forge.

i. Tonneau où se plongent les pièces de bronze que l'on passe au *mat*. Le courant d'air établi sous la forge y entraîne la buée qui sort de ce tonneau.

j. Portion de l'ouverture de la forge fermée avec un vitrage : en rétrécissant ainsi l'ouverture de la forge, on y accélère le courant d'air sans ôter à l'ouvrier la facilité de voir sous la hotte et d'y bien suivre le travail qu'il est obligé d'y faire.

l, *m*. Réchaud et grillage servant à faire sécher les pièces dorées.

n. Pinces appelées *moustaches*.

o. Brosse à *passer* les pièces de bronze couvertes d'amalgame.

p. Tringle de fer servant à tenir les pièces de bronze dorées que l'on met au *mat*.

R. Compartiment au-dessous de la forge dans lequel devait être placé le baquet à dérocher : on doit établir une communication entre cet espace et la partie supérieure de la forge, au moyen d'une petite cheminée longue et étroite, servant à conduire dans la forge les vapeurs du dérochage, comme on le voit en *c*, *figures* 1, 2 et 3, *planche IV*.

R'. Charbonnier.

PLANCHE IV.

Figure 1. Élévation vue de face, d'une forge de doreur complète.

p. Fourneau d'appel servant en même temps à chauffer le poêlon au *mat*.

f. Cendrier de ce fourneau.

n, *t*. Cheminée de ce fourneau qui est construite en briques jusqu'au rétrécissement de la grande cheminée *s* de la forge, et qui se termine par un tuyau de tôle montant à

2 ou 3 mètres au-dessus de ce rétrécissement.

b. Forge à recuire les pièces de bronze. On peut aussi y dérocher à blanc les pièces dérochées à l'eau seconde, y faire sécher les pièces de bronze dorées, et y pratiquer toutes les autres opérations nuisibles que nécessittent la préparation des matières premières et l'exploitation des déchets d'atelier.

c. Cheminée qui établit une communication entre la forge à recuire *b* et l'espace *d* qui est au-dessous de cette forge. Cette cheminée sert à porter les vapeurs nuisibles du dérochage dans la grande cheminée de l'atelier. On voit comme elle est placée en *c*, *figure 2*.

u. Baquet à dérocher.

a. Forge à *passer*.

r. Plateau *aux brossures*.

e, e. Charbonniers.

o. Forge à mettre au *mat*.

g. Fourneau à mettre au *mat*.

m. Ouverture réservée dans le bas de la cheminée du fourneau d'appel. On s'en sert pour introduire le col du ballon dans lequel on prépare la dissolution mercurielle, et pour porter ainsi plus rapidement dans le haut de la cheminée les vapeurs nuisibles qui se dégagent pendant cette opération. Lorsque le fourneau d'appel est placé dans la forge à recuire ou dans la forge à *passer*, on peut se servir de cette ouverture *m* pour rendre la préparation de l'amalgame moins dangereuse ; il suffit pour cela d'ôter le tampon qui ferme cette ouverture, et de placer au-dessous le creuset entouré de feu où se prépare l'amalgame : le courant d'air est alors si fort, que toutes les vapeurs sont rapidement entraînées par la fente *m*.

i. Tonneau dans lequel se plongent les pièces de bronze dorées que l'on met au *mat*. On voit que ce tonneau est placé sous un manteau particulier, et que les vapeurs en sont entraînées par le courant d'air dans la cheminée générale.

j, j. Châssis garni de carreaux de verre : il sert à rétrécir l'ouverture des forges sans empêcher d'y voir clair.

On peut le rendre fixe ou mobile à volonté. La meilleure manière est de le rendre mobile verticalement, comme le sont les fenêtres à coulisses. On aide alors l'ascension et la descente du châssis au moyen de crémaillères, ou, ce qui est mieux, de contre-poids placés à droite et à gauche, et en dedans ou en dehors de la forge, suivant les localités. L'ouvrier trouve ainsi le moyen d'augmenter l'ouverture de la forge suivant la grandeur des pièces qu'il a à dorer.

h, h. Rideaux en grosse toile servant à fermer à volonté, en tout ou en partie, une ou plusieurs des forges, et à accélérer le courant d'air aux endroits où les rideaux ne sont point tirés.

On voit qu'ici la cheminée générale et la forge sont divisées en quatre compartimens, au moyen de languettes montant un peu moins haut que le tuyau du fourneau d'appel. Ce fourneau commande ainsi le tirage également dans les quatre cheminées partielles et en régularise le jeu. Les lignes ponctuées que l'on voit tracées dans le haut de la figure indiquent bien cette disposition, que l'on distingue encore mieux à la *fig*. 3 de cette planche.

Fig. 2. Plan général de la même forge de doreur.

c. Cheminée servant à conduire les vapeurs du baquet à dérocher dans la forge à recuire.

q. Ouverture pratiquée au-dessus du fourneau d'appel, et servant à chauffer le poêlon au *mat*.

g. Plan du fourneau où les pièces de bronze dorées se mettent au *mat*. On voit en plan le cadre en briques qui sert à retenir le charbon sur la grille du fourneau.

Fig. 3. Coupe verticale de la même forge.

Cette coupe est destinée à bien indiquer la manière dont les quatre compartimens de la forge générale sont disposés, et à faire voir la cheminée du fourneau d'appel, et sa position par rapport à toutes les autres parties de l'appareil.

Les mêmes lettres indiquant les mêmes objets dans les *figures* 1, 2 et 3, nous n'entrerons pas dans de plus longs détails relativement à ces deux dernières *figures*. On trouvera à la description de la *fig.* 1 tous les renseignemens nécessaires pour bien comprendre ces dessins.

Fig. 4. Coupe d'un tuyau de cheminée ordinaire.

a. Tuyau de tôle coudé et tel qu'on doit l'employer, soit qu'il serve à un poêle, soit qu'il fasse partie d'un appareil à dorer de petites pièces. Dans ce dernier cas on peut en rendre le tirage constant en plaçant un quinquet *b* au-dessous de ce tuyau, et en introduisant le haut du verre du quinquet dans un trou pratiqué à la partie inférieure du tuyau de tôle, comme on le voit dans cette *figure*.

PLANCHE V.

Figure 1. Coupe verticale de l'appareil en

tôle qui a été monté chez Mme Liquière, doreuse de montres, place Saint-André-des-Arcs, n° 26.

a. Place où se met le tiroir en tôle *d*, *fig*. 2.

i. Carreau de verre laissant pénétrer la lumière dans l'appareil : on en peut mettre, si l'on veut, sur toutes les faces de la boîte.

k, *k*. Gouttière en tôle dans laquelle entre le chapiteau *b* de l'appareil. Cette gouttière reçoit le mercure qui se condense le long des parois inclinées du chapiteau.

b. Chapiteau de l'appareil.

l, *l*. Gouttière servant à recevoir le couvercle *c* et le mercure qui se condense sur les parois de ce couvercle. Pour luter exactement tous les joints de l'appareil, il suffit de mettre de l'eau, une dissolution saline, un peu de sable ou de cendre, etc., dans les gouttières *k* et *l*, et d'y bien enfoncer les pièces de tôle *b* et *c*.

s. Petit couvercle qui s'enlève à volonté pour nettoyer plus facilement l'appareil et les carreaux de verre. On peut y substituer un vase en fer-blanc, destiné à faire tiédir de l'eau pour le lavage des pièces dorées.

h, *h*. Poignées en bois servant à porter l'appareil.

m. Tuyau d'abord incliné vers le sol, servant à porter au dehors les vapeurs nuisibles, provenant des opérations pratiquées dans l'appareil.

Fig. 2. Vue de l'appareil tout monté.

d. Tiroir en tôle où se met la caisse en terre cuite dans laquelle on allume la braise ou le poussier sur lequel on fait chauffer les pièces couvertes d'amalgame. On voit au bas de la *planche* une coupe, une élévation et un plan de ce tiroir. Ce plan indique le rapport qui existe entre le tiroir de tôle et la boîte quadrangulaire qui forme l'appareil. On se sert d'une caisse de chaufferette ordinaire pour mettre le poussier allumé (1).

e. Petite ouverture destinée à faire rentrer dans la boîte en tôle les vapeurs qui n'y sont pas entraînées par la porte *q, r, u, t* de l'appareil. Ces vapeurs s'élèvent jusqu'à la petite

---

(1) J'avais d'abord pensé à allumer le poussier dans le tiroir de tôle *d* ; mais la tôle étant très-bon conducteur, refroidissait trop le combustible et l'éteignait. J'ai remédié complétement à cet inconvénient, en plaçant dans ce tiroir le pot en terre cuite d'une chaufferette ordinaire. Depuis, j'ai fait faire exprès des caisses en bonne terre à creuset. Ces caisses ne laissent rien à desirer ; le poussier y brûle lentement et s'y consomme en entier. On peut s'en procurer chez M. Blanc, fabricant de poterie, rue Neuve-Saint-Médard, n° 12, faubourg Saint-Marceau.

hotte en verre dont nous parlerons tout-à-l'heure, et sont entraînées par le tirage dans l'ouverture *e* qui est au haut et en dedans de cette hotte.

m, m. Tuyau de l'appareil : il est disposé de manière à ce que le mercure qui se condense dans ce tuyau, retombe des deux côtés par le petit tube *o*, dans le vase *p*, que l'on tient toujours plein d'eau. Ce tuyau *m* doit se rendre, soit au dehors, par un carreau de la croisée, soit dans la cheminée de la pièce; il doit dans les deux cas être terminé comme on le voit *figure* 4, *planche IV*. Nous avons déjà dit que l'on pouvait en accélérer le tirage au moyen d'un quinquet placé comme on le voit dans la *figure* qui vient d'être citée.

n. Clef pour régler le tirage de l'appareil.

Nous ne parlons pas des autres lettres qui sont marquées sur la *figure* 2, parce qu'elles indiquent les mêmes objets déjà cités à l'explication de la *figure* 1.

PLANCHE VI.

Figure 1. Vue d'un petit appareil en tôle, monté sur une table et prêt à servir.

Le tuyau *m* est ici représenté renversé et placé en contre-bas. Le mercure qui se condense dans le tuyau *m*, tombe et se rassemble dans la terrine z qui est placée au-dessous. Cette disposition du tuyau de tôle de l'appareil est préférable, dans beaucoup de localités, à la position ordinaire qui est représentée *planche V, figure* 2. Ce tuyau, ainsi placé, agit comme un siphon, et le tirage en est plus régulier que celui des tuyaux ascendans : on peut d'ailleurs l'accélérer à volonté, en alongeant la branche descendante de ce tuyau. C'est par rapport à cette faculté d'augmenter le tirage de l'appareil, que j'ai fait construire celui-ci sans hotte sur le devant, et que j'ai seulement garni l'ouverture d'une porte mobile g, montant et descendant dans deux coulisses placées à droite et à gauche de l'ouverture de la boîte. Cette porte sert à fermer plus ou moins l'ouverture pendant ou après le travail.

Fig. 2. Vue de côté de l'appareil décrit à la *planche V*. Il est ici représenté avec la petite hotte en châssis de bois ou de fer, garni de carreaux de verre.

Fig. 3. Vue de face du même appareil, garni de la hotte en vitrage.

Fig. 4. Plan du même appareil avec la petite hotte en verre placée en avant.

L'ouvrier travaille sous cette petite hotte, et un peu en avant de la grande ouverture q, *r*, *u*, *t*, *figure* 2, *planche V*. La plus grande partie des vapeurs mercurielles est entraînée par cette ouverture. Les vapeurs qui n'y entrent point, montent le long du carreau de verre qui forme le dessus de la hotte, et sont entraînées par le tirage dans la petite ouverture *e*, *figures* 3 et 4, *planche VI*.

On conçoit que l'ouvrier ne doit commencer son travail qu'après avoir bien établi le tirage de l'appareil. Il doit en outre prendre toutes les autres précautions sur lesquelles j'ai tant de fois insisté dans ce Mémoire.

TABLE DES MATIÈRES.

Rapport fait à l'Académie sur les Mémoires envoyés au concours ouvert pour le prix fondé par M. Ravrio................................Page v
AVANT-PROPOS........................... xj
Lettre de M. le docteur Mérat, etc............ xxvj
Liste et adresses des doreurs qui ont fait construire des appareils salubres, en suivant les plans donnés dans ce Mémoire, et les idées de perfectionnement qui y sont indiquées......................... xxxvj
Noms et demeures des architectes, des constructeurs et des ouvriers, etc., auxquels les doreurs peuvent s'adresser avec confiance pour faire exécuter les appareils, les outils ou les procédés cités dans ce Mémoire.. xxxviij
ERRATUM................................... xl
CONSIDÉRATIONS GÉNÉRALES............... 1
INTRODUCTION 5
Chapitre premier. De l'alliage employé pour la fonte des pièces de bronze qui doivent être dorées. Détermination de l'alliage le plus convenable pour cet objet.. 8
Chap. ii. De l'or employé pour préparer l'amalgame.. 18
Chap. iii. Du mercure qu'emploient les doreurs.... 21
Chap. iv. De l'acide nitrique ou de l'eau-forte employée par les doreurs................................ 22
Chap. v. De l'huile de vitriol ou de l'acide sulfurique,

et de l'emploi de cet acide dans les ateliers de doreurs .... Page 27
Chap. vi. De l'*or dissous*, ou de l'amalgame d'or et de sa préparation..................................... 28
Chap. vii. De la préparation du *gaz*, ou de la dissolution mercurielle 32
    Premier procédé 35
    Deuxième procédé............................ 36
Chap. viii. Du *recuit* des pièces destinées à être dorées 40
Chap. ix. Du dérochage ou décapage de la pièce de bronze recuite................................. 44
Chap. x. De l'application de l'*or dissous*, ou de l'amalgame sur le bronze bien décapé 50
Chap. xi. De la volatilisation du mercure, en exposant à la chaleur la pièce de bronze couverte d'amalgame 57
Chap. xii. Du bruni, du mat, de la couleur d'or moulu et de la couleur d'or rouge..................... 63
    Du bruni..................................... 64
    Du mat....................................... *ibid.*
    De la couleur d'or moulu 68
    De la couleur d'or rouge................... 69
Chap. xiii. Du ramonage des cheminées de doreurs.. 72
Chap. xiv. Des procédés à suivre pour enlever l'or à la surface des vieux bronzes dorés ou des pièces dorées mises au rebut................................... 78
Chap. xv. De l'exploitation des cendres et déchets d'ateliers provenant du travail de la dorure sur bronze au moyen du mercure 85
    §. I. Des eaux du dérochage................ 87
    §. II. Des eaux blanches.................... 88

§. III. Des cendres de la forge à *passer*....Page 91
§. IV. Des brossures du plateau............. 94
§. V. Des cendres du fourneau à mettre au *mat* 99
§. VI. De la liqueur et du dépôt que contient le tonneau à mettre au *mat*............... 100
 Première méthode d'exploitation....... 101
 Deuxième méthode 102
 Troisième méthode 105
 Quatrième méthode................. 106
§. VII. De la boue du baquet à *gratte-bosser*.. 111
§. VIII. Des vieilles *gratte-bosses* à dorer... *ibid.*
Traitement des vieilles *gratte-bosses* à dorer par la voie humide........................ 114
Traitement des vieilles *gratte-bosses* par la voie sèche 117
§. IX. De la suie des cheminées des doreurs... 119
§. X. Des balayures de l'atelier 126
CHAP. XVI. Des moyens de salubrité proposés dans ce Mémoire, et des appareils qui peuvent les procurer 128
CHAP. XVII. Description des modèles et des échantillons joints à ce Mémoire 149
 MODÈLE n° 1......................... 150
 MODÈLE n° 2 153
 MODÈLE n° 3 156
 BOÎTE n° 4.......................... 158
 BOÎTE n° 5 .... *ibid.*
 BOÎTE n° 6.......................... 159
CHAP. XVIII. Des appareils salubres que j'ai fait construire dans des ateliers de doreurs à Paris, et des applications que j'ai eu occasion de faire des mêmes,

moyens au perfectionnement d'autres constructions et à l'assainissement des ateliers de quelques autres arts.................................Page 159
   Appareil de M. D'Artois................. 161
   Appareil de MM. Denière et Matelin........ 163
   Appareil de M. Lambert................. 164
   Appareil de Mme Liquière................ 165
   Diverses applications des mêmes moyens, de 167
   à................................. 169
CONCLUSION............................. 170
TABLEAUX I et II................. 172 *bis* et *ter*.
Explication des figures contenues dans les Planches jointes à ce Mémoire.................... 173

FIN DE LA TABLE.

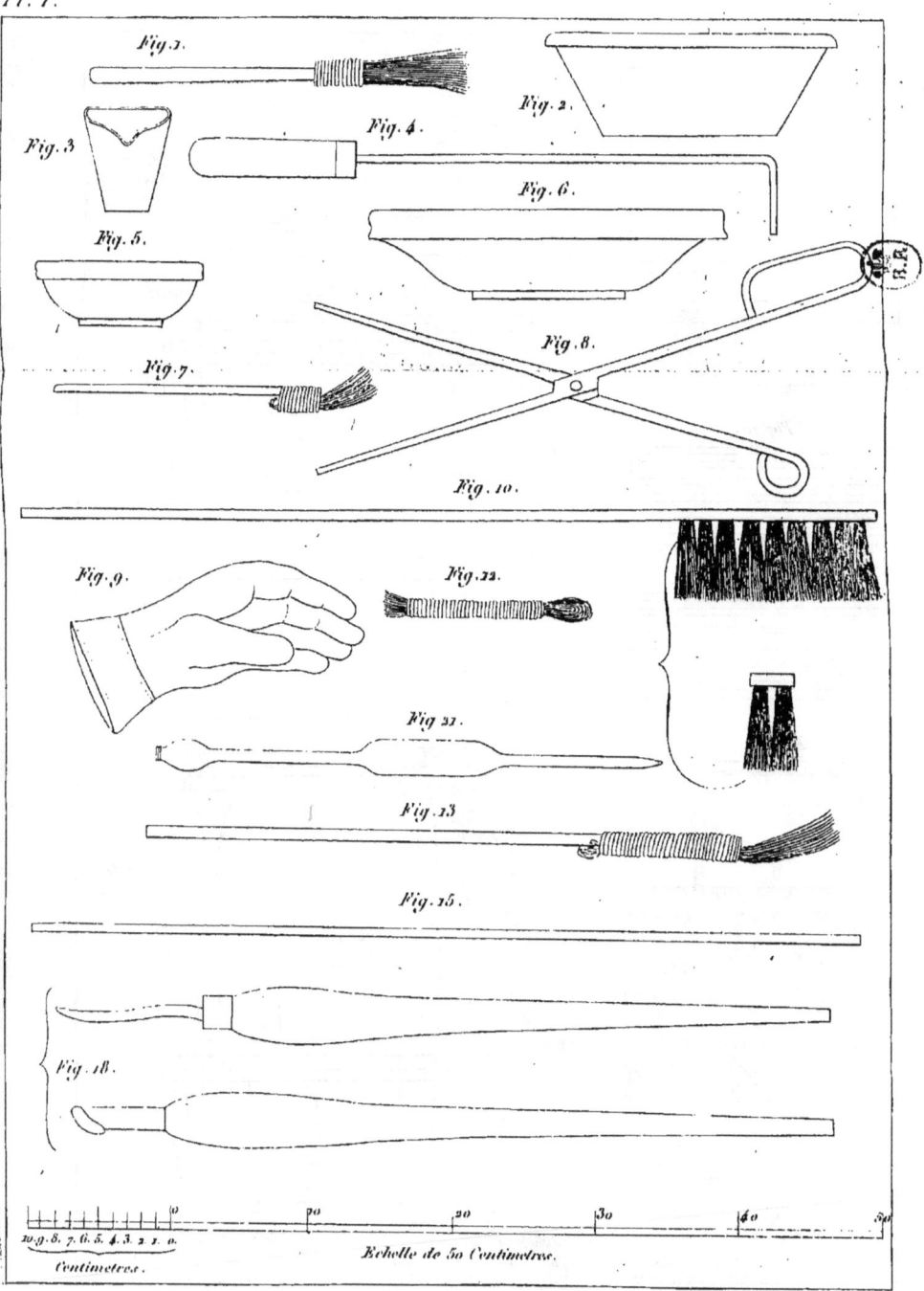

Pl. 2.

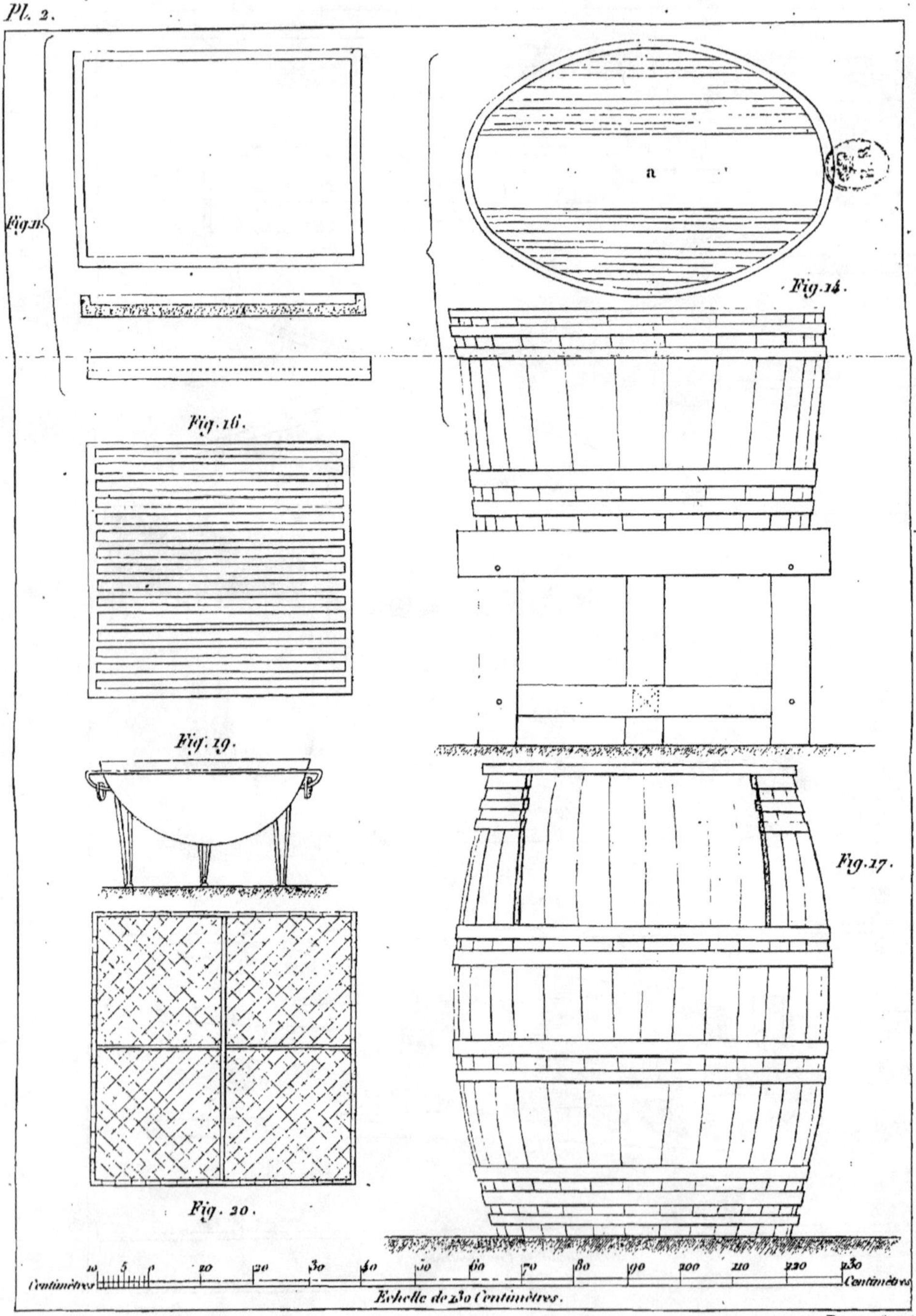

Fig. 11.

Fig. 14.

Fig. 16.

Fig. 19.

Fig. 17.

Fig. 20.

Echelle de 130 Centimètres.

Desvne Sculp.t

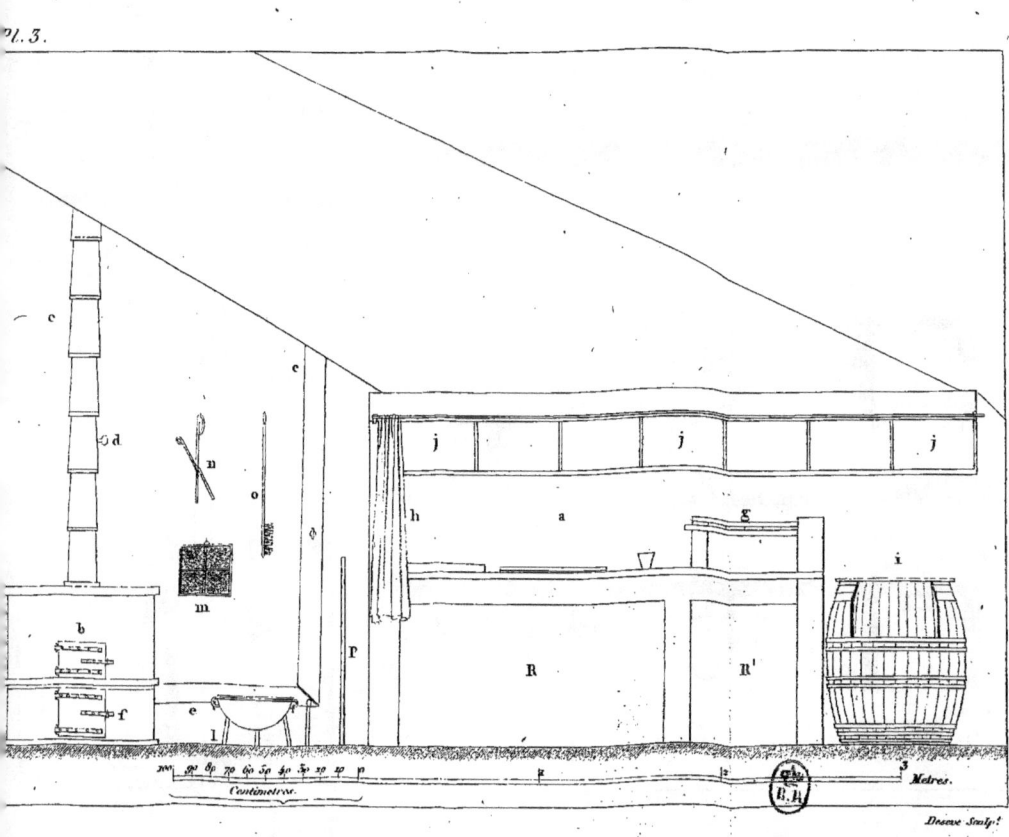

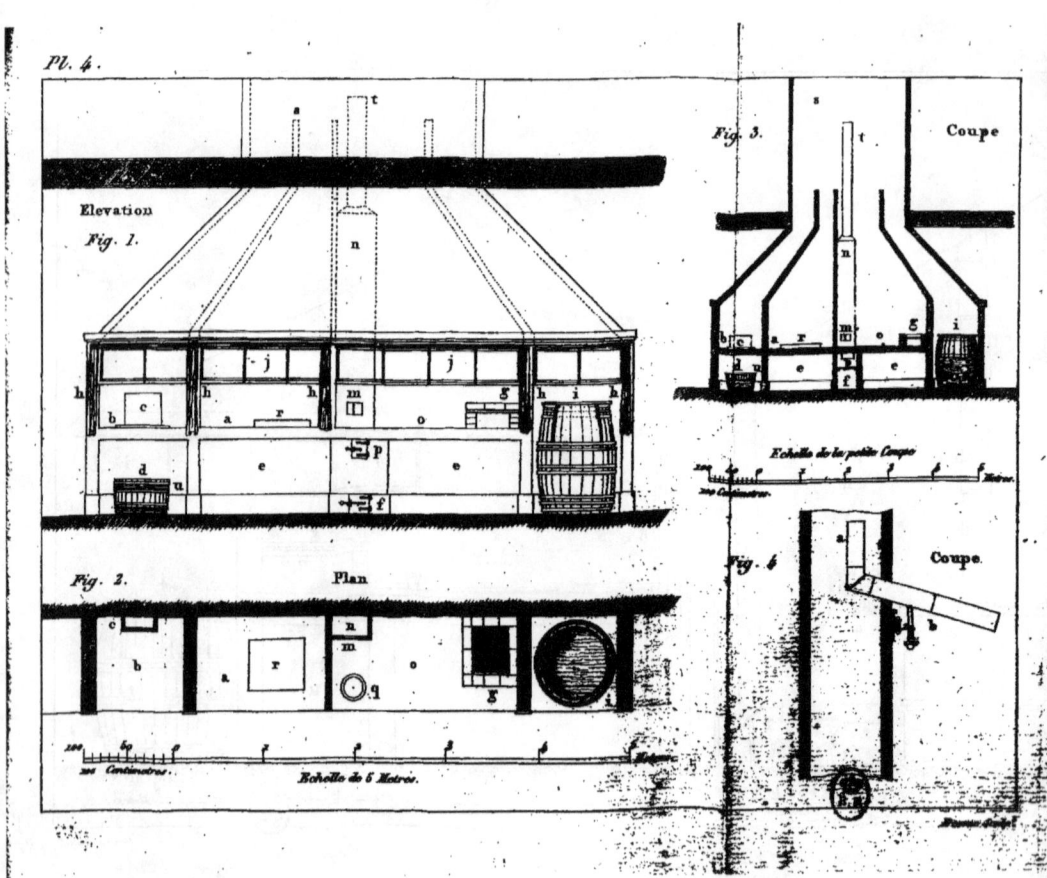

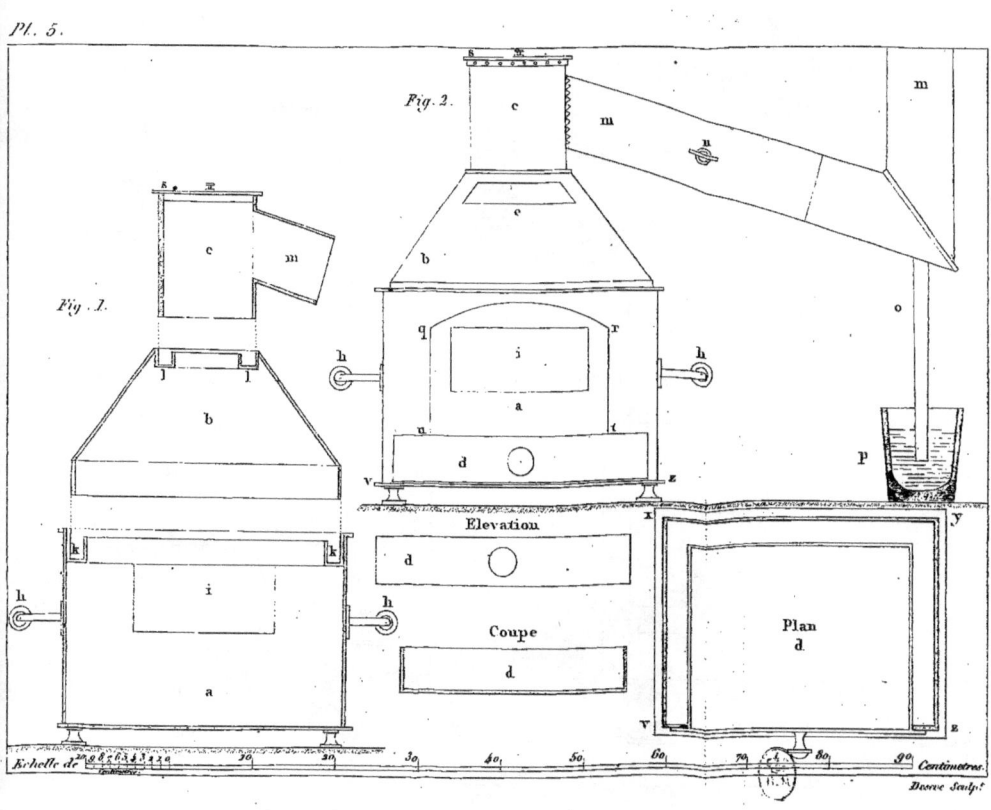

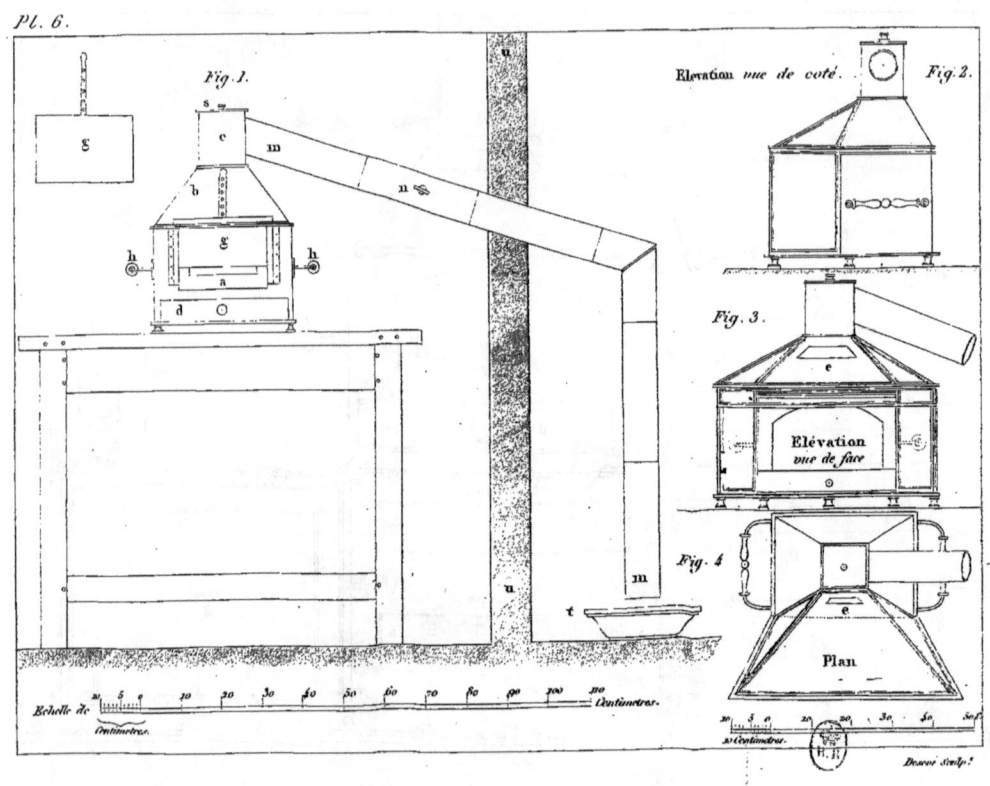

www.ingramcontent.com/pod-product-compliance
Lightning Source LLC
Chambersburg PA
CBHW071931160426
43198CB00011B/1349